马　洪

中国社会科学院第二届院长

马洪 著

马洪文选

中国社会科学出版社

《中国社会科学院建院 40 周年纪念文库》出版说明

一、中国社会科学院自 1977 年 5 月成立以来，历经 40 年的发展，已经建设成为党中央领导的马克思主义坚强阵地、党的意识形态重镇、哲学社会科学最高殿堂和国家级综合性高端智库。这与历届我院主要负责同志谋篇布局、殚精竭虑、改革创新密不可分。在庆祝建院 40 周年之际，院党组决定，编辑出版《中国社会科学院建院 40 周年纪念文库》，请曾任和在任的院主要领导编撰纪念文集，每位院领导一卷。

二、入选文库作品的作者为我院历届主要负责同志（含党和国家领导人），共十位，名单如下：

胡乔木（中共第十二届中央政治局委员，中国社会科学院第一届院长、党组书记）

邓力群（中共第十二届中央书记处书记，中国社会科学院第一届副院长、党组副书记）

马　洪（中国社会科学院第二届院长）

梅　益（中国社会科学院第二届党组第一书记）

胡　绳（第七届全国政协副主席，中国社会科学院第三届、第四届、第五届院长、第三届党组书记）

郁　文（中国社会科学院第四届党委书记）

王忍之（中国社会科学院第五届党委书记）

李铁映（中共第十三届、第十四届、第十五届中央政治局委员，第十届全国人大常委会副委员长，中国社会科学院第六届院长、党组书记）

陈奎元（第十届、第十一届全国政协副主席，中国社会科学院第七届院长、党组书记）

王伟光（中国社会科学院第八届院长、党组书记）

三、文库各卷内容反映了历任院领导在办院实践过程中，对哲学社会科学科研生产和人才成长规律、中国社会科学院办院规律、哲学社会科学发展规律进行研究、探索和实践的成果。历任院领导办院的大方向、大原则是一致的，但又有不同时期的特点。文库是中国社会科学院弥足珍贵的院史资料，有些文章是第一次公开发表，将为后人留下可资借鉴的宝贵经验。我们相信，随着时代的发展，文库的思想理论价值、学术价值、史料价值一定会愈加凸显。

四、文库的组织、编辑、出版工作由中国社会科学院办公厅具体负责。历经短短的 5 个多月的时间，能够与读者见面，与各位院领导及其秘书、亲属、出版社的大力支持密不可分，在此表示深深的谢意。

编　者

2017 年 4 月

目　　录

加强共产主义思想建设[*]

我们共产党是搞共产主义建设的。社会主义是共产主义的初级阶段。搞社会主义现代化建设离不开社会主义的精神文明，而共产主义思想建设，是整个社会主义精神文明建设的核心，它决定着我们的精神文明的社会主义性质。

过去我们讨论社会主义特征时，常常讲到剥削制度的消灭，生产资料的公有制和按劳分配，工人阶级和劳动人民掌握政权，国民经济有计划按比例的发展，高度发达的生产力和比资本主义更高的劳动生产率，等等。这些都是社会主义的重要特征。但是，从社会主义几十年的实践来看，单讲这些还是不够的。除了上面这些特征以外，社会主义还应当并且必须有一个特征，就是以共产主义思想为核心的社会主义的精神文明。没有这种精神文明，就不可能建设完全的社会主义。

中国社会科学院，从它的本质来说，是搞为实现社会主义现代化服务的社会主义精神文明建设的。我们从事社会科学研究的理论工作者，在建设社会主义精神文明中担负着特别重要

---

* 本文是笔者1982年7月26日在"中国共产党中国社会科学院第二次代表大会闭幕会"上讲话的一部分。

的责任。我们更应当把整个社会主义精神文明建设的核心——共产主义思想建设作为我们首要的建设任务。我们这方面的建设工作做得如何，是决定我们社会科学研究事业成败、兴衰的关键。

那么，共产主义思想建设的主要内容是什么呢？根据党的十二大报告所说，它应当包括工人阶级的、马克思主义的世界观和科学理论，共产主义的理想、信念和道德，同社会主义公有制相适应的主人翁思想和集体主义思想，同社会主义政治制度相适应的权利义务观念和组织纪律观念，为人民服务的献身精神和共产主义的劳动态度，社会主义的爱国主义和国际主义，等等。我国社会主义精神文明当然要吸取我国民族历史发展中精神文明的精华。像我们这样一个历史悠久的伟大民族，民族历史发展中间是有许多精神文明的精华的，但是不能仅仅停留在这个方面。我们的社会主义精神文明，首先是革命的，是同新的阶级——工人阶级，新的制度——社会主义制度联系在一起的，是面向世界的，面向未来的，吸取世界上精神文明的一切优秀成果，为实现我国的社会主义现代化服务的。概括起来说，社会主义的精神文明，最主要的是三件东西，即革命的理想、革命的道德和革命的纪律。毫无疑问，这些也应该是我们院所有人员，首先是共产党员必须具备的思想和品质。从事社会科学研究的人，特别是从事这一工作的共产党员，尤其应当具备这种思想品质。这也是考验我们每个共产党员有无党性，或者党性强与不强的重要标志。我们社会科学院全体共产党员，要团结一切非党的社会科学工作者，统一认识，统一步调，逐步组织成为一支有战斗力的、有说服力的、有吸引力的思想战线的大军，为培育社会主义的一代新人，建设高度的社会主义的精神文明做出我们应有的贡献。

　　这是我和同志们讨论的第一个问题。我们党的建设中最重要的就是要讲共产主义的思想建设，这个也就是真正的党性教育。

做好规划工作
开创哲学社会科学研究的新局面[*]

这次规划问题座谈会，是由中央宣传部和中国社会科学院联合召开的。这次会议是前几年各学科规划会议的继续，目的是为了贯彻党的十二大精神，做好哲学社会科学的规划工作，使我们的哲学社会科学研究工作开创一个新局面，更好地为社会主义现代化建设服务。现在，我结合学习党的十二大文件的初步体会，就如何在新形势下做好规划工作的问题，谈一些意见。

一

具有伟大历史意义的党的十二次代表大会，科学地总结了30年来我国社会主义革命和建设的丰富经验，回顾了过去六年我们党领导全国人民的战斗历程，实事求是地肯定了在这个历史重大转折过程中取得的伟大胜利。我们哲学社会科学战线，

* 本文是笔者 1982 年 10 月 6 日在 "全国哲学社会科学规划座谈会" 上的报告。

在党的领导和关怀下，这六年中也有了显著的进步，从"四人帮"统治时期那种备受摧残的状态下解脱出来，迅速得到恢复，走上了健康发展的道路。

在党的十一届三中全会制定的正确路线指引下，我们冲破了长期以来教条主义、个人迷信的严重束缚，积极投入了理论战线上拨乱反正的斗争，参加了实践是检验真理的唯一标准等重要问题的讨论，并对现代化建设中的理论问题和实际问题进行了一些有益的探索，提出了一些有价值的见解。我们根据四项基本原则的要求，批判了"左"的和右的错误倾向。所有这些，对于宣传马克思主义、端正思想路线，对于我国的四个现代化建设，都起了良好的作用。

与此同时，我们的哲学社会科学在研究工作的广度和深度上都有一些新的突破。在学科建设方面，填补了一些空白，加强了一些薄弱环节，如恢复了社会学、政治学等学科，开拓了人口学、新闻学、青少年问题的研究等新的领域，加强了部门经济学和各种专业经济学的研究，大大扩充了国际问题的研究，使我们的学科门类进一步齐全了。我们还新建和扩建了一批研究机构。29个省、市、自治区都普遍地建立了社会科学研究机构；高等院校文科研究机构已达94个；各级党校、干校的研究机构有了新的发展；政府许多部门和一些大企业，也建立了社会科学研究机构；中国社会科学院的研究所，已由"文化大革命"前的13个发展到现在的32个。社会科学研究队伍也有较快的增长。现在，各省、市、自治区的社会科学院（所）的研究人员已发展到3000多人；文科高等院校的专职研究人员有4000余人；党校、干校和实际部门还有相当一些教学研究力量。这几年，学术活动空前活跃，学会、研究会如雨后春笋般地发展起来，同时，广泛地开展了国内、国际的学术交流，学术刊物也大量增加。随着社会科学事业的发展，学术成果不但在数量上有很大增加，而且在质量上也有提高，仅去年一年，全国就出版了哲学社会科学著作2041种，有些著作在国内外产生了广泛的影响。有些关于实际问题（如经济结构和经济体制等问题）的调查研究报告和改进工作的建议，受到党政领导机关的重视和好评，对党制定有关方针政策起了一定的参考作用。此外，还出版了大批工具书和系统的资料。介绍国外哲学社会科学成果的翻译工作和情报工作也有了较快的进展。整个哲学社会科学的研究园地春意盎然，生机勃勃。社会科学工作者的积极性空前高涨。总之，党的十一届三中全会以来，我国的哲学社会科学工作，无论从发展规模还是发挥的作用来说，都远远超过了新中国成立以来任何一个时期。

但是，我们也应当清醒地看到，尽管我们的社会科学工作有了相当的发展，但同社会主义现代化建设的要求相比，特别是同党的十二大向我们的哲学社会科学提出的任务相比，应当说还是很不适应的，存在着很大的差距。我们的科研工作还不能有力地配合现代化建设的需要，有些学科还没有把研究社会主义现代化建设中迫切需要解决的重大问题摆在应有的地位，科研力量也组织得不够好，对一些重大项目的"攻关"工作做得很差。这种状况必须迅速加以改变。

胡耀邦同志在党的十二大报告中把发展科学确定为经济建设的战略重点之一，这是对我国社会主义建设经验的科学总结。很明显，党中央所说的"科学"是包括自然科学和社会科学这两个部门在内的。党中央的这一重大决策向我们提出了艰巨而光荣的任务，是对我们社会科学工作者的极大鼓舞和鞭策。

邓小平同志在党的十二大开幕词中指出："把马克思主义的普遍真理同我国的具体实际结合起来，走自己的道路，建设有中国特色的社会主义，这就是我们总结长期历史经验得出的基本结论。"[①] 这一科学论断，应当成为我们社会科学工作的根本指导思想和总的研究课题。我们必须在马克思主义一般原理的指导下，从中国的国情出发，努力探索我国社会主义建设的客观规律和特点，建设具有中国特色的马克思主义的哲学社会科学。在 10 亿人口的中国，把这项建设工作做好，本身就是对马克思主义的重要丰富和发展，它对我国和对世界的未来，都将有重大的意义。

党的十二大报告确定了我国经济发展的战略目标、战略重点、战略步骤和一系列的正确方针，在社会主义经济建设方面，向我们提出了许多重要的研究课题。例如，到本世纪末工农业年总产值翻两番，主要是靠增加基本建设投资，建设新的工厂，增加新的生产能力，即是走过去 30 多年走过的老路，还是走一条新的路子，即主要依靠适用的先进技术，依靠技术改造，充分发挥现有企业的作用？这就是个很大的问题。另外，为了达到工农业年总产值翻两番的目标，是不是每个部门、每个单位、每个企业都要翻两番？这就很值得研究。如果我们每个部门、每个单位、每个企业都同样地翻两番，我们现在这种不合理的经济结构就没有办法改变，甚至会更加不合理。与这个问题相联系，就有一系列的课题，如我国经济、社

---

① 《中国共产党第十二次全国代表大会文件汇编》，人民出版社 1982 年版，第 3 页。

会发展的战略问题，我国经济体制改革问题，我国经济结构问题，我国社会主义企业的经营管理问题，我国农村经济发展问题，社会主义阶段的商品流通问题，价格体系和价格管理问题，财政、金融、信贷问题，劳动就业和劳动工资问题，能源基地的建设和能源政策的经济理论问题，交通运输的发展问题，人口问题，特区建设问题，港澳地区的经济问题，当代世界经济发展的趋势及其对我国的影响问题，等等，都需要深入地进行探讨。

党的十二大报告强调指出社会主义精神文明是社会主义的重要特征，并把社会主义精神文明建设作为建设社会主义的一个战略方针。这是对马克思主义关于社会主义建设理论的重要发展。怎样认识和探讨它的理论意义，研究解决建设社会主义精神文明中的种种实践问题，是社会科学工作者重大的迫切的任务之一。与此相联系的共产主义思想的实践问题，共产主义思想与社会主义政策的关系问题，共产主义思想与社会主义精神文明建设的关系问题，社会主义精神文明与社会主义建设的关系问题，社会主义物质文明与社会主义精神文明的关系问题，社会主义精神文明建设中的文化建设与思想建设的关系问题，文艺为人民服务、为社会主义服务问题，共产主义道德问题，教育制度、教育体制问题，青少年共产主义教育问题，等等，都需要我们进行创造性的研究，认真地从理论上进行深入的探讨。

党的十二大报告中提出，我们要建设高度的社会主义民主。社会主义民主的关键是人民当家做主的问题。如何进一步解决好这个问题，就有一系列需要我们研究的课题。例如，人民民主专政制度如何进一步完善，政治体制、领导体制和干部制度等如何进一步改革，群众自治如何进一步发展，社会主义民主的优越性，社会主义民主和社会主义法制的关系，社会主义条件下的阶级斗争，同各种犯罪行为的斗争，法制建设，以及社会主义民族关系和区域自治问题，等等。

党的十二大报告中在对当前国际形势做精辟的、深刻的、马克思主义的分析时，也提出了许多重大的国际方面的研究课题。例如，关于战争与和平问题，在胡耀邦同志报告中就有了新的提法，我们对此应当深入研究和阐述。再如，对美、对苏、对日的关系，中央也有一些新的提法，它涉及我国外交战略问题。其他如20世纪80年代国际局势和反对霸权主义、维护世界和平的战略问题，发展中国家的经济发展战略以及它们同发达国家的关系问题，还有我们党同兄弟党的关系问题等，也都需要我们在掌握大量材料的基础上做出科学的分析。最近，解决香港问题又提上了议程，我们应该采取什么对策，也需要很好地研究。

应当指出，党的十二大提出的迫切需要社会科学加以研究的问题远远不止以上这些。例如，执政党的建设问题就有许多研究课题，我们没有一一列举。实际上，我们社会科学的各个学科、各个领域为了实现党的十二大所提出的宏伟目标，都有自己的新的课题和新的要求。

我们不能把哲学社会科学研究为党的十二大提出的总任务服务理解得过分狭窄。首先，我们要加强社会主义现代化建设各方面的重大问题的研究；同时，也要加强各门学科的基础研究；另外，还要加强社会科学应用方面的研究，还要用适当的力量做好社会科学的普及工作。这几个方面的工作都不要忽视。总之，我们要按照毛泽东同志所倡导的，把理论、历史、现状的研究很好地结合起来。

除上面列举的现实问题以外，还有许多重大基本理论问题迫切要求我们去研究。特别是要加强马克思列宁主义、毛泽东思想的研究。马克思主义哲学从产生到现在已经一百多年了，一百多年来，世界发生了翻天覆地的变化，各国人民的实践不断深入，社会科学和自然科学迅速发展和相互促进，所有这一切都应当在马克思主义哲学中得到反映和概括。这就要求我们结合当前社会主义现代化建设的实践和最新的科学成就对马克思主义哲学的范畴、规律和体系、结构进行创造性的研究，使马克思主义哲学得到进一步的发展。马克思主义在当代的发展，毛泽东思想的形成和发展，也是我们社会科学必须研究的重大课题。到现在为止，我们还没有写出关于马克思主义三大组成部分（哲学、政治经济学和科学社会主义）的高水平的论著，而写出这样的科学著作是我们社会科学工作者不能回避的任务。

哲学社会科学的学科很多，新的学科还在不断出现。在党的十二大精神的指导下加强各学科的研究工作，都应当看作社会主义精神文明建设不可缺少的部分，这对于文化知识的发达和人们政治、思想、道德水平的提高都有重要意义。法学、政治学、社会学、民族学、文学、史学、宗教学、教育学、新闻学等各门学科的基本理论，都需要我们认真地研究。历史学科虽然是研究过去的事情，但对于我们认识现实具有重要作用，我们应该加以重视。特别是中国近代史、现代史、党史、新民主主义革命史、中国抗日战争史，对加强爱国主义、国际主义教育，总结我国革命和建设的历史经验，都有重要意义，应尽快写出这方面的科学著作。其他如中国边疆沿革史，中美、中苏、中日等国家关系史，民族史，民族关系史以及世界近现代史的研究，都有重要的现实意义，也需要加强。社会科学一般地说来是一门阶级性很强的科学，也有少数学科例外，如语言学、考古学，这类学科对我国社会主义建设同样有重要意义，也应该重视。为了了解当前世界社会科学状况和趋向，汲取其中有用的东西，批判其中的糟粕，还需要加强对现代国外各种学说和流派的研究。

二

要完成上述艰巨的任务，最根本的还是要加强马克思主义理论的指导，贯彻理论联系实际的原则，改进我们的学风。

从我们社会科学院的情况来看，大多数研究人员是能够自觉地坚持以马克思主义理论为指导的。但也有少数同志对用马克思主义理论指导我们哲学社会科学研究工作的重要意义认识不足，有个别人甚至对马克思主义产生怀疑和动摇。特别是在一部分青年中，缺乏马克思主义的基本训练，对西方资产阶级思潮缺乏识别和批判的能力。这种情况说明，进一步强调马克思主义理论的指导作用是十分必要的。

马克思主义是经过历史实践证明的科学真理。要不要马克思主义作为社会科学的指导思想，这是我们的社会科学与资产阶级社会科学的根本区别所在。西方资产阶级思想家近年来散布马克思主义已经过时的谬论，我们国内也有少数人由于只看到我们受到的种种挫折，便对马克思主义丧失信心，想从资产阶级那里寻找灵丹妙药，这是完全错误的。马克思主义不会过时，它的理论是发展的理论，将因历史和科学的发展而不断发展自己，永远保持青春和活力。列宁在帝国主义条件下把马克思主义丰富和发展起来，形成列宁主义，以毛泽东同志为代表的中国共产党人又把马列主义同中国革命实际相结合，形成毛泽东思想。这不都生动地证明了马克思主义的朝气蓬勃的生命力吗？应该看到，我们工作中之所以出现失误，并不是因为马克思主义不灵，恰恰是因为违背了马克思主义的基本原理。党的十一届三中全会以后，我们党之所以能够在这么短的时间内医治"十年动乱"造成的严重创伤，走上健康发展的道路，依靠的就是马克思主义这个唯一正确的科学真理。现在西方资本主义国家经济普遍衰退，社会动荡不安，面临着严重的思想危机，没有哪一个资产阶级理论家能够找到出路。这一事实，也从反面雄辩地说明了，只有马克思主义才是认识世界、改造世界、推动人类社会进步的锐利武器。现在有少数社会科学工作者认为，各门学科都有自己的专门学问，只要掌握自己那一门学科的专业知识就行了，用不着钻研马克思主义。这种认识也是不妥当的。毫无疑问，掌握自己本学科的专业知识是完全必要的，但是，只有专业知识而没有马克思主义理论指导，在研究工作中就容易迷失方向，这必然会影响他们工作的成绩。因此，要做好社会科学研究工作，提高我们的科学水平，最重要的是要掌握好马克思主义的理论武器。当然，掌握马克思主义理论并不是轻而易举的事情，是要花力气的。社会科学工作者一定要努力学习马克思主义的基本理论，结合自己的专业，反复钻研有关马克思主义的经典著作。对青年研究人员更要把学习马克思主义当作一项基本功。

我们要在坚持马克思主义的同时，努力发展马克思主义。随着时代的前进，马克思主义也必须不断地发展。马克思说过：理论在一个国家的实现程度，决定于理论满足这个国家的需要程度。要把我国建设成为现代化的强国，这是人类历史上最伟大的创造性工程之一。许多问题是以前的马克思主义者没有碰到也不可能解决的。我们面临的许多新情况、新问题，是不可能从马克思主义经典著作中找到现成答案的。我们只有运用马克思主义的立场、观点、方法，深入各个领域的实际，去分析和研究这些新情况和新问题，才能做出科学的回答。当然，发展马克思主义要依靠党和人民群众的集体智慧，我们社会科学工作者在推动各学科的发展过程中，应当为马克思主义的发展做出自己的贡献。

为了坚持马克思主义，坚持党的四项基本原则，必须正确地进行思想理论上两条战线的斗争。既要反对那种企图回到"文化大革命"和它以前的错误理论、错误政策上去的"左"的倾向，又要反对那种怀疑和否定四项基本原则的资产阶级自由化的右的倾向。要对这两种错误倾向正确地进行批评教育和必要的斗争。在路线、方针和基本政策问题上，我们社会科学工作者应当自觉地同中央在政治上保持一致。当然，各学科的情况十分复杂，要做具体分析。有一些问题是带政治性的，有一些问题则是学术上的不同见解。学术讨论即使带有政治性问题，也要充分说理，允许答辩，绝不能简单化、粗暴化，把学术讨论完全变成政治批判。在这方面，我们过去有过沉痛的教训，不应当重犯过去的错误。我们马克思主义者是坚持真理的，而真理总是越辩越明。我们必须继续认真贯彻党的"百花齐放，百家争鸣"的方针，积极开展学术上的自由讨论，鼓励社会科学工作者勇于探索，敢于创新，坚持真理，修正错误。

坚持马克思主义指导，就必须贯彻理论联系实际的方针。

这个问题既是学风问题，也是指导思想问题。就我院情况来说，在这方面也存在不少问题。在一部分同志当中，有某种脱离实际的倾向，表现在不愿承担重要的现实课题，不愿深入实际做艰苦细致的调查研究，不关心国内外当前争论的重大理论问题和倾向性问题。产生这种现象的原因是多方面的，既有社会的和习惯势力的影响问题，也有怕担风险的思想认识问题，少数人还因为个人名利思想作怪。从另一方面说，我们过去的一些错误做法，也是促成这种现象的一个原因。同时，我们为社会科学工作者面向实际、深入实际创造条件做得也很不够。这种状况不改变，势必阻碍社会科学的发展，也不利于人才的培养和成长。

我们强调理论联系实际，什么是我们的实际呢？我们当前最大的实际就是社会主义现代化建设，就是党的十二大提出的全面开创社会主义现代化建设新局面的伟大实践。研究和解决社会主义现代化建设中提出的重大理论问题和实际问题，是我们社会科学研究的重要任务。与现实关系密切的学科应当把主要力量放在这个方面，研究人员工作的好坏，也主要是看他们在解决这些问题上的成绩和贡献如何。我们搞社会科学研究，应当深入实际，做系统的调查研究，掌握大量的、丰富的第一手材料，经过认真的分析，找出事物的内部联系，以形成新的、正确的理论，提出比较切合实际的意见和建议。

为了解决理论联系实际的问题，研究机构要主动和实际部门加强联系，以便及时了解党的有关方针政策及实际工作中的情况和问题，并承担一些实际部门向我们提出的适宜我们承担的研究课题。要认识到我们搞理论工作同志的短处，虚心向有实际工作经验的同志学习。我们要摸索和总结同实际部门加强联系的途径和经验。

　　社会科学的不同学科有不同的特点，因此，联系实际的方式和途径也会有许多不同。但是，不管哪个学科都应当注意联系实际。有的同志认为，社会科学门类很多，有的学科能够联系实际，有的学科就不一定能够联系实际。这种看法，就一定的方面来说固然有一定的道理，但是，就其他方面来说就有相当大的片面性。这里还要提到联系实际的一个重要内容，就是国际、国内思想理论上重大的争论问题和倾向性问题。这是无论哪一个学科都会有的。国内、国际在社会科学的研究上都存在着各种复杂的思潮，各学科都有许多重大的争论问题。如果我们不以马克思主义理论来研究分析这些思潮和问题，就不可能战胜形形色色的资产阶级思潮的挑战，也不可能正确回答和解决群众中存在的疑问和迷惘，我们的哲学社会科学甚至我们的社会主义现代化建设事业，也就不可能健康地发展。因此，各学科都应当抓住当前在中国和世界上争论最大的问题或在研究工作中最主要的倾向性问题进行研究和探讨，这应当看作我们面临的紧迫的实际问题之一。

　　以历史学为例，在中国古代史的研究中，目前就有几个争论较大的问题。亚细亚生产方式问题，在我国、在世界上已经讨论好久了。但是，近些年来，在国际上某些人翻来覆去地讨论这个问题，其背景就很值得我们注意。国外有些学者现在大嚷大叫地说，亚细亚生产方式在中国过去长期存在，现在仍然存在，以此来诬蔑我国的社会主义制度是官僚专制，是历史上亚细亚生产方式的继续。如果我们不弄清楚这些问题，甚至跟着人家叫嚷，就会滑到危险的邪路上去。关于我国历史上的农民战争问题，过去我们讲它是推动我国历史前进的动力。最近，有些同志认为，农民战争对我国革命起了消极作用，甚至起了破坏作用。这是两种截然相反的观点。我们作为马克思主义者，对这些问题究竟怎么认识？在民族关系上，我们这个国家究竟是统一的多民族国家，和睦相处的关系是主流呢？还是各民族建立自己独立的国家，民族和民族之间进行纷争、战争是主流呢？这些问题都是和现实斗争密切相关的。当然，对于这些问题，都要从实际出发，详细地占有材料，进行严谨的、科学的探讨。

在中国近代史的研究中，主要的脉络应该抓住什么东西呢？也有许多争论。一种意见认为，向西方学习先进的科学技术或所谓洋务运动，是我们研究中国近代史的基本脉络；另一种意见认为，阶级斗争才是我们研究中国近代史的基本脉络。照前一种看法，就会有很多历史人物、历史事件需要重新写。比如，对李鸿章、张之洞一类人物的看法，对康有为、梁启超一类人物的看法，还联系到对太平天国、戊戌变法、义和团运动和辛亥革命的看法，以及对中外关系史上一些问题的看法，如美国的"门户开放"政策究竟对中国有利，还是对中国有害？这一大堆问题都需要做出马克思主义的回答。不能说研究历史，就不能联系实际，其实，历史本身就是最生动的实际。究竟用什么观点看待历史，这是个大问题。不同的立场、观点和方法，可以写出不同的历史。我们的任务，就是要用马克思主义的立场、观点和方法如实地写出历史。

考古学同其他学科比较起来，好像离当前实际较远，其实并不完全如此。例如，国际上的一些学者，对于中国文化、中国文明，究竟是土生土长的呢？还是从西方来的、北方来的、南方来的呢？现在还在喋喋不休地争论。他们这种"西来说"

"北来说""南来说",统统是别有用心的妄说。考古学所发现的铁的历史事实,完全否定了他们这种种妄说。我国考古学者从远古的文化遗址的发掘中,早已做了生动有力的回答。

文学这个领域和实际的联系就更多了。例如,人道主义的问题,现实主义的问题,现在就有很多争论。就现实主义来说,就有所谓实话文学、隐私文学等议论。在文学研究中,有些人不大喜欢中国的文学,而喜欢外国的文学;在外国的文学中,又不喜欢过去的文学,而喜欢当代西方的所谓现代派文学。这几年,我们介绍了很多外国的作品,却很少对这些作品做出马克思主义的评价,给读者以必要的思想上的指导,甚至把一些不好的东西也加以美化,这就必然产生有害的影响。

这里只是举了一部分例子,并没有讲到理论联系实际问题的各个方面,也没有提到所有学科。毋庸置疑,所有学科都要根据自己的特点,贯彻理论联系实际的原则,使我们的哲学社会科学研究工作在改造社会、改造世界的过程中不断发挥自己应有的作用。

三

做好科研规划和科研组织工作是完成上面提到的各项任务的重要保证。

我们党和国家是很重视科研规划的。早在 1956 年就制定过十二年科学发展规划,其中就包括哲学社会科学的规划。粉碎江青反革命集团以后,我们又着手制定中、长期规划。从1978 年开始,历时一年多,各学科分别召开了规划会议,参加人数达 2000 多人,规模是空前的。通过这些会议,各学科都制定了中、长期科研规划的初步方案。总的看来，前几年的规划工作比较正确地体现了为实现四个现代化服务的基本精神，对解放思想，冲破林彪、江青反革命集团设置的禁区起了积极的作用。同时，也推动了高等院校、各地方和业务部门研究机构的恢复、建立和发展，并大大活跃了学术空气。在讨论规划中，大家提出了很多科研项目，今天看来有不少还是重要的。因此，前几年的规划工作的成绩是应该肯定的。但由于那时粉碎江青反革命集团不久，百废待举，大家求治心切，又加上缺乏经验，因而制定的规划对各项事业的发展要求急了些。

这次规划座谈会，应当在过去规划工作的基础上，总结已有的经验，使哲学社会科学的规划同我国经济、社会的发展紧密地结合起来。希望大家就哲学社会科学发展的第六个五年计划和"七五"计划设想交换意见。国家计委在制定第六个五年计划时，第一次把社会科学列入了国家计划的文本，这是一件非常好的事情。我们根据过去各地送来的材料，初步提出了"六五"期间重要的研究课题，发给大家，请同志们研究，提出意见，进行补充修改。提出来的这些课题都是比较重要的，当然还会有一些课题没有考虑到。即使比较重要的课题，也还应该在其中找重点。同时，也要处理好重点课题和一般课题的关系。重点课题应该是分层次的，除了全国性的重点课题外，各地区、部门和学校也应有自己的重点课题。我们提出的这些课题在这次会议上完全落实到单位和人头是不可能的。我们准备在适当的时候按照哲学、经济学、政法、社会民族、文学、史学等各学科，分别邀请有关专家开会，来进一步落实。我们想通过规划座谈会，把社会主义现代化建设中的重要课题纳入规划中去，作为规划的重心，克服过去科研工作重点不突出、分散、重复的现象。当然，除了重大的现实课题以外，与学科建设有关的科研项目也不应该忽视，在规划中也应占有适当的位置。

从社会主义现代化建设的需要来讲，我国的社会科学事业应当有一个较大的发展。当然，科学事业发展的规模和速度，归根结底，受经济发展的状况和水平的制约。理论、科学应该走在实践的前头，但这并不等于说我们社会科学各项事业的计划可以不考虑国家经济的状况和条件。在制定社会科学发展规划时，要量力而行，不但要考虑需要，而且要考虑可能，把需要和可能正确地结合起来。我们要根据这个精神，按照科研任务的需要，来考虑增设哪些研究机构和增加多少研究力量。现在科学发展日新月异，自然科学和社会科学互相渗透，出现了一系列的边缘学科和综合性学科，如数量经济学、系统工程学、技术经济学、经济技术发展预测学、信息科学、现代管理学等，在规划中，必须注意发展那些有发展前途的新的研究领域，吸收新的方法和新的技术，逐步实现社会科学研究的现代化。还有一些空白和薄弱学科，如人文地理、中国少数民族经济等，就很需要早些建立和发展起来。有哪些空白的学科需要填补，哪些薄弱学科需要加强，哪些研究机构需要扩充，也希望大家就这些问题议一议。

在规划中，应当体现组织科研"攻关"的要求。过去自然科学领域和技术领域组织"攻关"是很有成效的，我们要认真学习他们的经验。我们要在重点课题中确定若干个项目，组织"攻关"，把各方面的力量组织起来，分工协作，有计划地开展研究，以取得较高水平的科研成果。这个问题应当在认识上和组织上切实地加以解决。要改变目前科研工作中存在的某些涣散和无组织状态。要充分发挥现有科研人员的作用，不能再把本来就不多的研究力量分散到各种过多重复的研究课题上去了（当然，用不同的学术观点和方法来研究同一个课题，这种"重复"还是合理的，也是必要的）。社会主义现代化建设中的许多重大研究项目，不是一个人或一个单位能够承担的，必须组织各个方面的力量协同"攻关"。我们应该从各个方面重视集体项目，要从领导、人力、条件和职称评定工作等各方面给予积极的支持，个人的贡献要给予正确的评定，以保证集体项目的顺利完成。我们社会科学院各所不但要抓好所内的研究工作，也要做好院内所与所之间的协作，特别是要同院外的兄弟单位密切协作，共同完成一些重大的研究任务。当然，组织好集体项目并不那么容易。在这方面，我院有成功的经验，也有失败的教训。从以往的经验来看，要搞好集体项目，必须有充分的准备，选择适当的人员，特别是要选好学术带头人，要在个人研究的基础上进行集体写作。我们要通过组织"攻关"和完成当前思想理论战线上的宣传任务，把我们的队伍进一步组织起来，逐步建设一支强大的马克思主义理论队伍。

　　社会科学规划也要体现"全国一盘棋"的精神。我国的社会科学研究力量是由高等院校、党校、干校、实际部门和大企业，军队、地方的研究机构，中国社会科学院等几个方面组成的。这几支队伍应该成为一个有机的整体，它们之间要有合理的分工，发挥各自的优势，形成自己的特点，要在科研任务、机构设置、力量部署等几个方面做到协调发展，进行统筹安排。鉴于我们国家大、科研任务繁重、研究人员较少、水平总的来看也不高的情况，只有组织好分工协作，才能把工作做得好些。

　　现在，高等院校和地方的研究机构已有相当的力量。这些年他们也做出很大的成绩，应当充分发挥这些单位的作用。看来，有些研究机构设在地方或其他业务部门，对科研事业的发展更为有利。今后新建机构和现有研究机构的调整，要和经济建设的布局、各地历史特点、研究力量的强弱等结合起来考虑。新建的研究机构应主要摆到各省、市、自治区。规划中要新建哪些机构，设在什么地方比较合适，也请大家讨论一下。我们中国社会科学院也要在各方面给予力所能及的支援。我们要在科研人员中大力提倡革命的创业精神，鼓励那些有条件的研究人员到地方的研究机构去工作，在自愿的基础上，有些可以长期留下来，有些可以工作几年再回来，帮助地方把学科建设起来，把研究所办好。对在这方面做出优异成绩的同志，要优先考虑提职或授予学位。从明年开始，我院研究生院要逐步扩大招生名额，重视为地方培养研究人才，要把大部分研究生分配到地方去工作。我们不能把中国社会科学院办成在学科方面无所不包、过分庞大的研究机构。北京市的人口已经不能够再继续膨胀了，客观条件也不允许我们在北京新建更多的研究机构。各省、市、自治区的研究机构有不少是在近几年新建的，还处在开创阶段，需要充实和发展。当然，地方上和其他部门的研究机构都应有所侧重，也不要搞成"小而全"。

　　哲学社会科学发展规划还要和教育发展规划衔接起来。今后科研人才的来源主要依靠高等院校，高等院校的院系设置和招生的人数应当考虑科研队伍的扩大的需要。这是一方面。另一方面，科研队伍的扩大，还要考虑高等院校能够分配给研究机构多少人。科研工作和图书、资料、档案、文物、出版等部门的关系也很密切，这些部门相互之间也需要积极配合和支持。

学术活动也亟待改进。最近几年，各学科的学会、研究会相继建立，这对于活跃学术空气，打破"四人帮"造成的"万马齐喑"的局面起了积极作用。但也存在一些问题。最近，胡耀邦同志提出要"注意防止'逐名者多，务实者少'的倾向"。现在少数学会、研究会确实存在着务名不务实的情况，不在研究工作上下功夫，动不动就召开规模过大的会议，使有些专家学者疲于奔命，浪费了大量的财力、物力，滋长了某些不正的学风。我们大家要注意这个问题，中国社会科学院尤其要注意这个问题。今后要提高学术活动的质量，学会、研究会进行的各项活动要有明确的目的性，要更好地为科研服务，要有利于科研工作而不是干扰科研工作。为了加强对学会、研究会的领导，是否需要成立全国性的社联，怎么搞法比较好，也请大家交换一下意见。国际学术交流活动也要有明确的目的性，要考虑学科建设的需要和为科研工作服务。我们也要通过国际学术交流活动对世界社会科学的发展做出自己应有的贡献。当然，我们的外事活动适当地进行一点友好往来也还是需要的，但重点应当放在为科研发展服务上。

以上这些想法，供大家讨论规划时参考，是否妥当，请同志们指正。

再谈开创社会科学研究的新局面[*]

我这次是来参加"沿海八城市经济问题讨论会"的。原来没有准备来参加今天这样的盛会，和同志们一起讨论问题。

同志们刚才提了很多问题，我不能都做出回答。因为有好多问题我也在研究，在探索。同志们提的问题，都围绕着这样一个题目，即社会科学的研究工作如何为全面开创社会主义现代化建设的新局面做出更多的贡献。

第一点，我感到很高兴，今天这个会既有社会科学工作者，又有自然科学工作者参加。社会科学和自然科学工作者在一起开会，一起讨论问题，解决问题，这就是一个新鲜的事物。社会科学和自然科学虽然都是科学，过去好像还是两家。当然，这两种科学是有区别的，但也有很密切的联系。特别是我们要贯彻党的十二大的精神，实现社会主义的四个现代化，在20年内把我们的工农业的年总产值翻两番，要实现这样一个任务，有大量的、复杂的自然科学问题要解决，也有大量的、复杂的社会科学问题要解决。而这两方面问题的解决，需要我们两家结合起来，才能解决得好。这个道理是非常清楚

* 本文是笔者1982年11月3日在"天津社会科学院座谈会"上的讲话。

的。比如，要翻两番，要实现四个现代化，这首先是一个经济问题，但也包含着大量的技术问题。孤立地从经济上或孤立地从技术上来解决问题是不行的。这次国务院领导同志在全国科学技术奖励大会上讲，采用先进技术是一个战略性的问题。他这里讲的技术属于自然科学的范畴，因为这次发奖是发自然科学的奖，不是发社会科学的奖，他当然是就这个范围来讲的，就这样一个对象来讲的。但这并不是我们党，小平同志、耀邦同志、党中央的其他负责同志不关心我们社会科学。据我看，实际上过去可能对社会科学比对自然科学还要关心得多。因为拟定一个长期计划，制定好多的政策，这都是社会科学的问题。我们党的领导机关是个什么机关呢？是搞社会科学的呀！包括我们的党委，我们的政府，不都是搞社会科学的吗？但是，我们过去确实有一个问题，就是把社会科学和自然科学结合到一起来解决问题，做得比较少。自然科学研究出一种成果之后，要推广，要应用。究竟能不能应用？那就不是自然科学本身的问题，那就牵涉社会科学的问题。它的经济效益怎么样？是不是符合我们这个国家的国情？我们今天的条件如何？有没有推广的可能性？这就是社会科学问题。我们提出了生产要翻两番，这当然是个社会科学的问题。但能否翻得了两番，怎么翻两番，这个问题离开自然科学行吗？离开科学技术的进步行吗？当然不行！所以，今天我们大家开这样一个联席会议，讨论一些共同关心的问题，我看是个新鲜的事情，是很有必要的。

不仅技术和经济的问题联系得很密切，社会科学的其他学科在不同程度上和自然科学也发生着不同形式的联系。就拿哲学来讲，哲学方面现在准备要写一本书，社会科学规划里也讲了，要写物质论。这个物质论，你离开自然科学能够写成吗？什么是物质？社会科学工作者理解的物质是什么？自然科学工作者理解的物质是什么？这总是要统一起来的。因为哲学是社会科学和自然科学的综合科学，所以我们叫哲学社会科学。当然不仅仅是经济学、哲学，还有社会科学的其他学科，也和技术问题、自然科学问题分不开。比如，社会学要研究在社会生产迅速发展、科学技术日新月异的条件下，在我们社会主义现代化过程中，给社会究竟会带来什么影响？好的影响是什么，不好的影响是什么？这些问题就需要研究。我们是个后进的国家。我们要实现四个现代化，怎么样能够吸收经济发达国家现代化过程中好的东西，怎么样能够避免它那些不好的东西？这既是个自然科学的问题，也是个社会科学的问题。所以这一类的问题，恐怕应该是自然科学和社会科学相互渗透、相互交叉、相互结合，才能正确地解决。这是发展的一种必然的趋势。有很多的边缘科学，就是在社会科学和自然科学间跨学科的。这个问题很值得我们研究。

刚才有同志提到要研究管理学。管理学，我看就是社会科学和自然科学结合的一个东西。自然科学需要管理学，社会科学也需要管理学。比如，美国搞的登月这件事，是个自然科学的问题，但是它又用了社会科学。它用了系统工程，它用了很多其他学科来研究这个东西，组织这个东西。我们现在了解的管理学常常局限于怎么管理工厂。怎样管好一个工厂，这当然是管理学的一个重要内容。三年前我们到美国去考察的时候，他们讲的管理学并不完全是这回事。管好工厂，管好商店，管好银行，管好政府机关，管好一个医院，管好一个学校，都是管理学的范围。当然，管好一个自然科学研究项目，使它获得成功，也是管理学的范围。比如，我们现在许多单位研究的系统工程学、价值工程学、数量经济学等，这一类学科，也是数学和我们的经济科学，或者其他科学相结合的一种东西。所以，在这方面，是不是我们大家能够更好地携起手来？我和中国科学院的卢嘉锡院长交换过这个意见。最近国务院领导同志要在全国科学技术奖励大会上做报告，找了很多自然科学界的人，也找了社会科学工作者去给他的讲稿提意见。我也去了，还有其他的同志也去了。定这个稿子的时候，大家也讲到我们今后要加强这方面的联系。我看我们社会科学的研究单位同技术经济和管理现代化研究会这一类组织，今后要很好地加强联系，交流我们研究的心得，促进自然科学和社会科学的繁荣和进步，使我们能够在实现社会主义四个现代化中贡献更多的力量。这是我想讲的第一点。

第二点，刚才有的同志讲到社会科学在实现四个现代化中的地位和作用。这次全国哲学社会科学规划座谈会本来是请胡乔木同志讲这个问题的。胡乔木同志没有直接讲，但是胡乔木同志在这个会上的讲话，实际上主要讲的就是这个问题。对于这次会议，可能有的同志知道，有的同志还不清楚。最近报纸上已经公布了，中央宣传部和中国社会科学院、教育部以及其他有关单位一起召开了一个全国社会科学的规划会议。这就是不仅要把社会科学研究机构系统，也要把教育部的、各个政府部门的、事业单位的和企业的有关研究系统，党校、干部学校的有关研究系统，以及军队的有关研究系统等组织起来，大家在一起来做出一个社会科学发展的规划。在这个会上，胡乔木同志作了讲话，邓力群同志也作了讲话。他们的讲话经过整理，最近可以印出来，至少内部可以发了。这里面都讲到社会科学在实现四个现代化中的地位和作用问题。这方面的问题，我就不多说了。

我到中国社会科学院工作将近五年了，我只讲一个体会。我认为党和政府是非常重视社会科学的。党中央最近在关于转发《全国哲学社会科学规划座谈会纪要》的通知中说："没有哲学社会科学的发展，要开创社会主义现代化建设事业的新局面是不可能的。"这就是党对社会科学的重要性和作用所做的估量。大家很清楚，党的很多重要文件，是吸收了社会科学工作者的意见的。这不正说明党中央对社会科学的重视吗？我所要说的体会，还不是在这个方面，这个方面大家看得很清楚。我的体会在另外一个方面。就是我们社会科学在四个现代化中的地位和作用，被不被党和政府的领导机关重视？现在的问题不在于党和政府的领导机关的哪些同志不重视我们，我看是非常重视的。社会科学在我国社会主义现代化中所起的作用如何，主要是取决于我们社会科学工作者自己，就是我们的工作是不是对于党和政府在决定一些重要的方针政策时起了我们应该起的作用。如果我们在这方面真正起了作用，就会受到重视；如果我们提不出什么意见来，或者提出的意见、建议不能够起什么积极作用，我看党和政府想要重视也没有办法重视，想要叫我们起这个作用我们也没有可能起这个作用。我自己五年来深深体会到这一点。

党和政府对于我们社会科学工作者寄予殷切希望，也经常有所鞭策。最近这几年，我除了参加中国社会科学院的一些工作外，国务院和中央财经小组的有些事情也找我参与去做。所以我说，社会科学的地位和作用问题，最根本的还是取决于我们自己，取决于我们社会科学工作者。至少对我们这个社会科学院，或者我们这个研究所，我们这些单位自己，是有很大关系的。党和政府总是希望我们社会科学工作者能够献计献策，真正对社会主义现代化事业提出一些好的主意来。那么，我们能不能做到这一点？我知道，天津市委陈伟达同志以及其他负责同志期望于我们社会科学工作者的，也是这些。我们能不能满足这样一个愿望，不辜负党和政府对我们社会科学工作者的期望，这需要我们自己来努力。这是我想讲的第二点。

我想讲的第三点，就是为什么中国社会科学院和我们各省、市的社会科学院的关系是兄弟关系，而不是上下级关系？这个"兄弟关系"，是我们的前院长胡乔木同志提出来的。刚才同志们讲，天津社会科学院历史很短，只有四年的历史。中国社会科学院的历史也并不长。原来它是属于中国科学院的，是一个学部，叫做"哲学社会科学部"。成立社会科学院是1977年秋天，到现在也不过是五年的历史。我们就是兄弟关系嘛。不是一个老的、一个小的这么个关系。

同志们提出，为什么中国科学院有什么上海分院、广州分院、兰州分院（不知天津有没有分院），都是隶属关系？有很多同志也想援例，说我们社会科学是不是也和自然科学一样，把各地方的社会科学研究院（所）变成中国社会科学院的分院，这样不更好吗？我看在这点上社会科学和自然科学有所不同。因为自然科学那个分院，比如研究光学的，在长春研究的光学，我们天津也可以应用，你到昆明也可以应用，全国都可以应用。这个光学，全世界都是通用的。同志们可能会讲，社会科学也一样，社会学呀、哲学呀、历史学呀，等等，不是到处都有这种学科吗？但是你要具体分析起来就不同了。光学不能是长春有长春的光学，天津有天津的光学，上海有上海的光学。但历史就不同了。比如我们社会科学院研究历史，大家都要研究中国历史，这点可能是一致的。但是，如果天津的社会科学院不研究天津的历史，我看就没有完成任务。天津的历史，你让沈阳的历史研究所给你去研究，我看研究不好。同样，内蒙古的历史，内蒙古的社会科学院不研究，要叫别的历史研究所来研究，我看也研究不好。你要研究清朝早期的历史，包括满族的历史，你总是要在东北研究吧。比如太平天国的历史，总要到广西去研究，要到南京去研究，或者要到别的什么地方去研究。这是从历史学来讲。再比如拿经济学来讲，如果我们一般地研究经济问题，那当然有很多共同的问题。如在本世纪末使我国年工农业产值翻两番，这是十二大向全党提出的任务。可是，是不是每个地方都是翻两番，少了也不行，多了也不行？怎样翻两番，每个地方都一样吗？像这一类的问题，我看不仅是我们社会科学所要解决的问题有很大的不同，自然科学也同样如此，因为这都是很具体的事情。比如，天津翻两番和北京翻两番一样不一样？我看肯定不一样。中央给北京提了四条方针，北京要按这四条方针办，至于怎么翻，翻的结果如何？我没有调查研究，不了解情况。天津怎样翻两番我还不清楚，明天准备向市委请教。我想，天津濒临渤海，怎样利用渤海这个资源？渤海里边有鱼虾，有食盐，有石油，还有别的东西，还有海运的便利，等等，这些北京就没有。这属于自然资源和自然条件。但是你怎么利用它呢？这就不仅是自然科学问题，还是个社会科学问题，这个问题就有很大的特殊性。

社会科学院，特别是地方的社会科学院，要做党和政府的助手。我们中国社会科学院要给党中央、国务院做助手，要为党中央、国务院服务。我觉得地方的社会科学院,必须成为地方党和政府的助手,要为地方党和政府服务。每个地方都有不同的特点,你要研究你那个地方的特点。当然,这并不是说我们地方的社会科学院不可能有哪个学科在全国的这个学科的研究工作中做出杰出的贡献,地方社会科学院的同志们应当有这个雄心壮志。但是,如果我们每个地方社会科学院都瞄准全国的东西,那么,地方社会科学院的性质就变了,那你就是个全国性的社会科学院了。这个问题这样讲不知对不对,大家可以研究一下。中国社会科学院和地方社会科学院的关系为什么不能像中国科学院和它那些分院的关系一样,我觉得在这方面有很大的不同。地方党委和政府要办一个社会科学院,是希望你能够成为它的助手,所以你的地位、你的作用怎么样,那得看你做它的助手的作用发挥得怎么样。你这个助手做得越好,你的地位就越重要,你的作用也就越大。如果你这个助手做得不好,我看你的地位和作用就会相对减弱,是不是这样?我觉得这个问题非常重要。这几年,我曾到几个地方和同志们座谈过,和广西的社会科学院、广东的社会科学院、上海的社会科学院、山东的社会科学院、山西的社会科学研究所、内蒙古的社会科学院、青岛的社会科学研究所、大连的社会科学研究所座谈过。座谈的结果都说明,你对你所在的那个地方的党和政府的助手作用发挥得越好,你这个社会科学院的作用就越大,你如果不能够起这个作用,那人家就把我们看作可有可无的,那你就只能坐冷板凳了。大概就是这么个情况。

但是,确确实实也还有另外一个情况,也要说明一下。就是我们地方社会科学院里边的某一些学科,也可能出全国最杰出的成果。我们为地方服务,并不是说就不能够在某一学科出一些具有全国性的或世界性的杰出的成果，这是完全可能的，我们应当努力争取。但是，如果我们每一个社会科学工作者、地方的社会科学工作者都是这样搞，而对为地方服务、对地方的事情不关心，提不出什么建议来，我看那就不好。我们真正要在全国或者在世界范围内使我们的研究成果能够取得一定的地位，我看首先是在为地方服务这个基础上才能够取得。对于中国社会科学院来说，也是如此，如果它的研究成果真正能够给党和国家做出贡献，给党中央、国务院做出贡献，它才能够出杰出的东西。否则的话，不可能有杰出的东西出来。这是我想和同志们讨论的第三点。

第四点，同志们不是说到学风问题吗？我看学风问题里面最大的问题是理论和实践相联系、相结合，就是理论联系实际。理论不能够脱离实际，理论必须解决实际问题。

这里面第一个是理论问题。理论是什么理论？我们社会科学工作者的理论基础是什么？这个问题我觉得我们首先应该把它搞清楚。毫无疑问，在我们社会主义国家，社会主义制度本身就是在马克思主义理论的指导下建立的，它的发展，也要靠马克思主义做指导。所以，马克思主义是我们社会科学的理论基础，指导我们社会科学研究工作的理论基础就是马克思主义。这个问题对于我们多数社会科学工作者来讲，我认为还是解决了的。但是，也不能够说在每一个社会科学工作者身上都得到了解决。特别是对我们某些年轻的社会科学工作者来说，还需要花些力气才能够解决。因为我们年纪大一点儿的做社会科学研究工作的同志，都经历了这样一个历史时代：我们打败了日本帝国主义，我们打败了蒋介石，我们建立了伟大的中华人民共和国。这些都是在马克思列宁主义、毛泽东思想的指导下实现的。这一点，在座的大概一半以上的同志都亲身经历过。大家都相信这一点，因为这是历史的事实，是为实践所证明了的。对于年轻一点儿的社会科学工作者来说，他们是处在什么时代呢？"大跃进"、十年"文化大革命"。他们经历了这样一些时期，在这些时期，我们国家遭受到一种灾难性挫折，我们违背了马克思主义的一些根本原则，我们的事业遭到了挫折和失败。在这种情况下成长起来的这一代人，对于马克思主义的认识，和我们老一代人的认识是不完全一样的。这也是完全可以理解的事情。你说马克思主义灵，为什么又发生了这些事情？我就听一个同志给我讲，他和他的儿子谈话的时候，说马克思主义怎么重要啊，你还是要好好学习马克思主义啊！他儿子就告诉他说："嘿！爸爸，你现在跟我讲这个，就像'五四'时代讲孔夫子的道理一样。""五四"时代是反对孔夫子那一套的。现在他把我们讲马克思主义看作就像是"五四"时代讲孔夫子那一套理论，这当然是对马克思主义的污蔑，说得轻一点儿，至少也是歪曲吧。如果他是一个社会科学工作者的话，在这样一种思想支配下，他当然不会以马克思主义做指导。马克思主义不行，什么东西行呢？从经济学来讲，凯恩斯那一套啊，新货币主义啊，等等，那一套东西就都来了。认为西方资产阶级的那一套东西是行的，在那里找出路吧，那个东西很时髦啊！这个问题值得我们注意。所以我说还不是所有的人都解决了。但是这不能责怪这些年轻的同志们。我看我们年纪大一点儿的同志应该首先负起责任来，因为我们没有好好帮助年轻的同志，使他获得对这个问题的正确的认识，没有和他们讲清楚，从1958年的"大跃进"，到1966年的"文化大革命"，是怎么发生的，为什么会发生这些事情，为什么这些事情是违背马克思主义的，为什么在马克思主义指导下的国家会发生这样的事情。我们没有把这些问题跟人家讲清楚，所以不能够责怪这些年轻的同志。但是，这个问题要解决，不解决是不行的。除非是你不在中国建设社会主义，将来不向共产主义前进，而是搞资本主义，或者搞别的东西。你要搞社会主义，你要搞共产主义，你就要顺应这个历史潮流，你就要按照马克思主义来办；你要违背这个历史潮流，你就不按照马克思主义这个精神、这个原则去办。因为社会主义、共产主义是历史发展的必然方向，是不以人的意志为转移的，它或迟或早总是要实现的。我们要把这个道理在我们社会科学工作者中间讲清楚，因为这是社会科学本身的根本命题。这个问题不解决，其他的问题都解决不了。究竟社会向何处去？这是社会科学本身要解决的问题。向资本主义去吗？我们国家已经是社会主义了。还是社会主义进一步发展，将来到共产主义去？或者是再把社会主义退回到资本主义去？这不是社会科学的一个根本的问题吗？这个问题必须解决。只有以马克思主义作为我们研究工作的理论基础的时候，才能正确解决这个问题。

另外一点，我们做理论工作的，要研究社会发展的规律，根据这个规律，解决现实生活里的问题。这就必须面向实际，解决实际工作中提出的问题。不然的话，你那个马克思主义也是个空家伙，空谈就是了。因此必须理论联系实际，不联系实际就不是真正的马克思主义。斯大林同志虽然犯了严重错误，但我们说，从根本上看他还是马克思主义者。他就讲过：理论和实际脱离，这是第二国际机会主义的特点。那是假马克思主义，不是真马克思主义。毛泽东同志也讲，主观和客观相分离，理论和实践相脱节，那本身就是反马克思主义的，那是我们犯一切错误的思想根源。当然，后来毛泽东同志犯错误，都是在这个方面发生了问题。我们任何人犯错误，都是在这个方面发生了问题。从根本上来说，我们马克思主义者不仅要认识世界，就是说世界将来是共产主义的，未来是属于共产主义的，仅仅认识了这一点是不够的，我们还要改造世界。自然科学是改造自然的，社会科学是改造社会的，改造社会就要联系实际，不联系社会的实际，你怎么能改造社会呢？我们讲了半天马克思主义，我们不能解决社会生活中提出来的问题，不能把社会推向前进，不能改造社会，不能在改造社会中起作用，那么我们的理论还称得上是真正的马克思主义理论？这确实是个很大的问题。现在，在这个问题上，我们的毛病就在于：一部分社会科学工作者对现实的问题，对实际生活里面的问题，不是那么感兴趣。因为我们党在新中国成立以后，在对待知识分子政策上有过"左"的错误，因此，不仅社会科学工作者，所有的知识分子都像惊弓之鸟一样。搞自然科学好一点儿。搞社会科学就认为是危途，是危险性很大的领域，而不大愿意搞。我就听有些同志讲，说我那个儿子，我那个女儿，我根本不让他（她）搞社会科学，因为自己吃的苦头已经够多了。有些搞社会科学的人，为了减少些危险性，还是搞点历史问题，搞点古董。搞现实的东西危险性就更大，风险更大。这恐怕在我们社会科学工作者中间还是一个问题。这个问题当然也不能责怪我们社会科学工作者。为什么？因为这和我们这些年来对待知识分子的"左"的错误，无缘无故地把一些思想性的问题当作政治问题，提高到政治的高度，上纲上线有关系。就是有些政治性的问题，本来也是可以讨论的。但是，只要有些不同的意见，就被当作反革命、反马克思主义来处理。党的十一届三中全会以来，我们党已经很好地总结了这个历史的经验。决不能再犯这种错误了，前天发表了胡耀邦同志在剧本创作会上的讲话，叫作《坚持两分法，更上一层楼》。第一段就是讲这个内容的，说这个错误我们再不能犯了。大家已经从痛苦的经历中得到了这个教训。可是这个东西在人的头脑里，虽然你再怎么样讲，也不是一下子就能够解决的。这是一个问题。

再一个问题。在我们社会科学工作者里面，有这么一种认识，认为只有出大部头的书、大部头的著作，才是学问，也不管那个大部头的书究竟社会效果怎么样，究竟对推动历史前进起了什么作用。这个他是不管的，只要出了几部大部头的书，就有了名望，就是学问家了。某个社会科学家还提了个建议，认为对党和国家做出了很大贡献，这个不算什么学问，不算什么理论家，不算什么学者。这个问题对不少同志来说，还没有解决。我们有些同志，要写大部头的书，如果掌握了丰富的资料，真正是系统地周密地调查研究的结果，那当然是很好的。但是如果你不敢接触现实问题，只从故纸堆里去搜寻点儿东西东拼西凑，把它串联在一起，既没有什么新材料，也没有什么新观点，那就不好了。但是，现在的情况是，如果搞出这么一本书来，就有很多好处了，评职称时也许就能借此评个研究员、副研究员，或者评个教授、副教授。出了书，不仅出了名，而且可以得稿费。有名，有利，又没有风险，人们当然也就向这个方面努力了。那么，是不是因为有这种情况，我们就去责怪，写了几本书就不好了？当然不是这样。我们总还是提倡写得好的著作越多越好。我们现在好的著作并不多啊。毛主席虽然在对待知识分子政策问题上犯过错误，但他还是希望有更好的更多的作品问世的。我们现在真正称得上有比较高的学术价值的社会科学的大部头的书并不多。学术性的著作总是要有创见吧,总要有新的认识吧,总要发前人之所未尽的东西吧。这样的社会科学著作我们还不是很多的,当然也不能说没有。我们很希望更多一些。如果我们把每一个社会科学工作者都引导到这方面来,你只有这样努力的时候,你才能成为一个社会科学家,你才是真正有学问的人;而如果对实际问题不关心,实际问题解决不了,虽然好像学问很大,但遇到具体的问题一个也解决不了,这显然是个弊病。

我们过去评职称或学位也好,提拔科研人员担任什么职务也好,多是看发表了几篇文章,写了几本书,而往往不问一问这些文章和书真正的学术水平怎么样,社会效果怎么样。更为严重的是,我们不承认某同志写的调查研究报告,虽然它篇幅短,根本就不成其为一本书,只是一篇文章,或者就几页,但是它确实有新的创见,有新的见解,对党和国家的正确决策起了重要的作用,那么,这 2000 字的东西,肯定比那 50 万字的而无新的见解,又能不解决什么问题的书更有价值。他真正解决了问题,你承认不承认这是他的科研成果?最近,我翻了爱因斯坦的文集,爱因斯坦有好多文章也并不是很系统的,有的文章也就是那么二三百字、七八百字,当然也有长的。这个问题我觉得值得我们研究一下。这次国务院领导同志强调了这个问题,说对自然科学的发明家应该给予奖励,同样,对于某一项先进的技术、某一项发明创造的推广和运用有显著成绩,使社会获得了很大利益的,也应该给予奖励。在一定意义上讲,后一种人对社会起到的作用比前一种人并不小,因为你有一个发明创造当然是贡献,但如果没有真正变成广大群众的实践,国家和人民还是得不到实际的利益。我们社会科学在这方面也存在这样一个问题。当然，社会科学和自然科学有所不同。自然科学研究成功以后，成果马上可以在试验室或者试验车间鉴定是不是正确的。社会科学工作者写了一本书或一篇文章，今天大家说是好文章，过了几年，实践证明它并不是好文章，而是坏文章；或者相反，今天大家说是坏文章，过了几年，实践又证明它是好文章。这样的事情是不少的。因为社会实践不像自然科学的实验那样，并不是马上就能见分晓。社会科学的研究成果好坏、大小，并不是两年、三年或十年、八年就能够证明的。这是它和自然科学不同的地方（当然，自然科学的某些新见解，也不是在很短的时间里就可以证明的）。那么，是不是因为这样，我们就不能评定一个人对社会的贡献呢？那也不能这样说。也不是说，我们有些正确的东西就不会在比较短的时间内得到证明。现在得不到证明，将来得到证明了，给你补一个就是了。现在得到证明的，现在就给你。现在得不到证明，但是党和政府采纳了你的意见，那采纳的人要负责任。如果将来证明这个东西错了，首先是采纳的人要负责，因为那是社会效果；回过头来再看看是采纳了谁的建议，提建议的这个人难道就没有责任吗？从科学家的良心来说，总是过意不去的吧！但是，我们决不要怕担什么风险，而缺乏勇气和丧失斗志。我们在评定一个人的职称、评定一个人的学问的时候，不仅要看大部头的书出了多少本，文章发表了多少篇，还要看他的调查报告有多少，提出了多少好的建议，这些书籍、文章和建议的社会效果怎么样。对于科研人员来说，还有一个重要的东西，就是看他收集整理资料的成绩如何：是不是发现了前人没有发现的资料，是不是从前人的资料中找出了新的论据、新的认识。拿这样一些东西来衡量人的学问、成就的话，我看就可以避免我们过去发生的那些毛病，有利于我们社会科学工作者面向实际，有利于理论联系实际。

刚才，有的同志讲了，说我们搞社会科学研究也有什么"市场调节"呀。这样一种情况我们中国社会科学院也有。中国社会科学院工作条件相当困难，有些所连个办公的地方也没有，平常没有办法上班，就在家里干活，每星期大概有两天集中到所里学习和讨论一些问题。有的所在集中的这一天，就像古代的那个"日中为市"一样。集中的时候，名义上是来报个到，传达个文件，开个会，实际上就交易开了。编刊物的人来了，出版社的人来了，报社的人也来了。你有什么文章，你有什么东西啊？稿子、写的文章交出来了，翻译的东西也弄出来了，或者相约在什么时间交出什么东西，总之，非常热闹。这个方面完成的东西都很快，积极性也很高。但是所里、室里布置的研究项目，却常常完不成计划。我们社会科学总是要有个人的研究的，没有个人创造性的脑力劳动，当然出不了成果。但是只有个人的东西，只对这个事情积极，而对集体的事情不关心或者不完成，那就不好了。因为我们要真正写一本大部头的书，真正有些创见的书，单靠一个人的研究还是不行的。当然，每一个人的创造性的劳动还是基础，但是没有集体的研究，没有集体的写作，要真正出一部好的像样的书，我看是很困难的。在这方面，我们要改变一下这个风气，因为这是个不大好的风气。恐怕至少要实行这么一个原则吧：以"计划经济"为主，即以完成所里、室里制订的那个计划里的项目为主，"市场调节"为辅。不要以"市场调节"为主。借用这么一句话，是不是这样做更好一点儿。

最后，还有一点，有些同志（比如技术经济和管理现代化研究会的同志）提出了要和国务院技术经济研究中心加强联系的问题。我兼着那里的工作，我们很希望加强联系，很希望你们作为中心的一个成员单位，我想，中心的所有同志都是非常欢迎你们参加的。比如，南开大学的经济研究所，就作为技术经济研究中心的一个参加单位了。有些学术讨论会可以相互参加，有些资料也可以交换。我们社会科学院和各省、市、自治区社会科学院之间，各院、所之间，都可以进行资料交换，进行学术交流。我们非常欢迎这样做。刚才有位老先生提的那个问题我看非常好。他说，研究中心应该有个网。这个意见很对。不过我们现在的这个网，还只是在北京这个范围内，我看应该把它扩大一点儿，有些研究中心应该扩大到全国去。现在国务院有 6 个研究中心，一个"经济研究中心"，一个"技术经济研究中心"，一个"物价研究中心"，一个"农村发展研究中心"，一个"经济法规研究中心"，一个"国际问题研究中心"。这 6 个研究中心联系的网点都有不同的范围，但现在基本上还是在北京这个范围内，我想有些中心根据需要可以逐步地扩大到某些省、市、自治区去。这一次全国社会科学规划会议，就是要把这个网撒到全国去。社会科学是包括几支大军的社会科学。中国社会科学院和各个地方的社会科学院，是社会科学这支大军里的一个方面军，还有文科院校的，还有其他部门的研究单位，还有企业的研究单位，还有党校，还有很多干部学校，还有军事院校的研究单位。要把大家联合起来，把这个网撒开，这样，我们的社会科学才能为全面开创社会主义现代化建设的新局面做出更多的贡献，社会科学也才能随之繁荣昌盛起来。

我看要做到这一点还需要个过程。但是我们总希望这个过程能够缩短一点，因为这个事情做得越好，对于我们社会科学的繁荣就越有利，对社会主义现代化建设也就越有利。

关于加强社会科学和自然科学的结合,解决社会主义现代化建设问题的建议*

    实现全面开创社会主义现代化建设新局面的历史任务,需要解决一系列既涉及复杂的自然科学,同时又涉及复杂的社会科学的综合性问题。这些问题,单从自然科学角度或者单从社会科学的角度是不能解决的,需要自然科学和社会科学的结合,以及两方学者的亲密合作,才能得到正确的解决。而目前,我国社会科学工作者和自然科学工作者,常常是从各自的角度出发提出解决问题的方案,很少在一起共同研究解决社会主义现代化建设的重大课题。因而,自然科学工作者、工程技术人员提出的方案,往往只注重技术上是否先进而忽视经济上是否合理;社会科学工作者提出的方案,往往只有定性的结论,而缺乏定量的分析,并且都是以自然科学工作者、工程技术人员提出的方案为前提进行推论的,前提一错,全盘皆错。这种状况同社会主义现代化建设的客观需要之间存在着很大的矛盾,亟须采取一些改革措施加以解决。

---

* 本文是笔者 1983 年 1 月 30 日写的内部报告。

为此提出以下建议：

一　改革发展规划与重大建设
项目论证的组织工作

各级、各部门、各地区的发展规划，重大综合性课题或建设项目的研究攻关工作，都要采取自然科学工作者和社会科学工作者共同研究、联合攻关、一起解决问题的混合型工作方式。不采取这种形式，不是由有关的科学家、工程技术人员经过论证和签字的方案，有关领导部门不予审议。

二　改革干部的选拔和培训制度

把具有综合知识、专业技能和经济管理知识作为选拔各级负责干部的一条重要标准。就是说，要求各级经济领导部门的负责人、大中型企业的负责人，不仅要精通本职的专业知识和基础知识，还要了解相关学科的基本知识，如冶金部的部长或钢铁厂的厂长，不仅应懂得一般的经济管理知识，而且应懂得钢铁生产的知识。并且，按这个要求培训现职干部，缺什么知识补什么知识，为他们取得作为有关单位的负责人所必需的综合知识创造条件。有条件的还可实行两种岗位的轮换锻炼（如做技术工作的可与做管理工作的定期轮换）。

三　改革自然科学与社会科学学科体系分立的教育制度

提倡跨学科的教育制度。如理工科应开设经济管理课程，学管理的应学些工程技术，学经济的应学些数学和其他必需的自然科学，以培养基础牢固、知识面广、适应性强的具有双重学位的人才；同时，要大力促进边缘学科的发展，以加强相关学科的相互结合。

四　改革自然科学和社会科学的研究制度和体制

协调自然科学和社会科学的研究规划；中国科学院和社会科学院要建立联席会议制度；自然科学和社会科学的某些研究人员可相互兼职；相关的课题，应在一起讨论；必要时两院可设立综合性研究所（如技术经济研究所）；等等。

五　改革有关政策

对职称的评定，应有利于两类学科相互结合。如对于具有双重学位（即既有工程技术学位又有经济管理学位的人，国外将它叫作拿"金色护照"的人）的人员，在工资和其他待遇上，要给予优惠。

六   改革咨询工作

咨询工作在我国是一项新兴的工作，当前建立的多是专业性的咨询机构，今后需要在咨询机构中配备自然科学和社会科学的各类有关人员，以避免咨询意见的片面性。

七   建议国务院科技领导小组，把自然科学和社会科学两方面的科研工作和人才合理使用，统一领导起来

社会主义现代化建设要求
社会科学工作者和自然科学
工作者加强合作[*]

一　党的十二大对科学研究工作
提出了新的更高的要求

党的十一届三中全会以来，党领导全国人民实现了历史性的转变，党和国家的工作重点转移到了经济建设上来，这就为我国自然科学和社会科学的发展创造了非常有利的条件。

在上个月中国社会科学院的院务会议上，我曾经提出，为了全面开创社会主义现代化建设的新局面，社会科学工作者要了解新情况，研究新问题。为了适应新的形势和新的任务的要求，社会科学工作者要向自然科学工作者学习，并学习一点儿与本学科有关的自然科学知识。通过这次论证会的实践，更感到作为一个社会科学工作者向自然科学工作者学习的迫切性和必要性。

---

[*] 本文是笔者 1983 年 2 月 24 日在"中国科学院山西能源重化工基地技术攻关论证会"上的讲话。

在学习党的十二大文件时，社会科学院党组多次讨论过：十二大提出了全面开创社会主义现代化新局面的伟大历史任务，确定了现代化建设的宏伟战略目标。要实现这一宏伟战略目标，需要全党和全国人民共同努力，其中一个重要的方面，就是自然科学工作者和社会科学工作者的努力。不充分发挥知识分子和科学技术队伍的作用，我国社会主义现代化建设的任务是不能很好完成的。

这个历史任务是光荣而又艰巨的。许多复杂的新情况亟须认识，许多复杂的新问题亟须解决。在社会主义现代化建设中，既包括了非常复杂的自然科学、工程技术方面的问题，又包括了非常复杂的社会科学方面的问题。这些涉及面很广的一系列问题，有些需要自然科学（包括工程技术）工作者着重研究解决，有些需要社会科学工作者着重研究解决，而更多的则需要自然科学工作者和社会科学工作者共同合作来解决。

在社会科学方面，需要研究的问题是很多的，在安排1983年社会科学院的研究任务时，确实感到任务艰巨。进行社会主义建设要按照社会主义建设的规律办事，比如，经济发展规律、社会发展规律、思想发展规律、政治发展规律等都需要社会科学工作者进行研究。在社会主义条件下，生产力和生产关系的关系，生产、流通、分配和消费的关系，计划指导和市场调节的关系，以及商品、货币、价格、利润、经营管理等方面的问题都需要经济科学工作者深入探讨，找出解决问题的正确途径。社会主义精神文明建设、社会主义民主的建设、体制改革等问题则需要社会科学的有关学科，研究国内外的经验，进行分析和综合，做出马克思主义的回答。对于具有10亿人口，80%又是农民，经济文化、科学技术发展比较落后的我国来说，解决这些复杂的问题，马克思主义虽然给我们指引出方向，但并没有给出现成的答案，需要我国社会科学工作者自己努力钻研来解决这些问题。我想，在自然科学和工程技术方面也是如此。社会主义建设中的许多重大问题，每一行业、部门、地区的发展，每一个工程项目的兴建，都涉及很多技术问题和自然科学问题。例如，作为我国经济发展战略重点的能源的生产和节约、交通运输的建设、农业生产的发展，等等，都涉及一系列的科学技术问题。如何选择适合我国国情的技术路线，充分发挥科学技术在社会主义现代化建设中的作用，大大提高经济效益，都和科学技术有关。对此在座的专家都有深刻的体会，并为此付出了极大的努力。这次会议上所提出的攻关课题，就是有力的说明。

这里特别要提出的是，社会主义建设中的很多问题需要自然科学工作者、社会科学工作者合作进行研究才能得到正确解决。社会主义现代化建设的许多重大课题，像经济社会协调发展规划的制定、各类重大建设项目的确定、各个重大科研项目的攻关，就需要各方面专家的合作，对这些课题做整体的系统研究。山西能源与重化工基地的开发，就是这样的课题。

新中国成立多年来的实践证明：社会主义现代化建设中的许多重大问题，如果单纯从自然科学、工程技术的角度，或者单纯从社会科学方面考虑，往往不能得到正确的解决。而需要自然科学和社会科学两大类学科的理论指导，需要社会科学工作者与自然科学工作者的紧密合作，才能获得正确的解决。可不可以这样说：社会科学工作者和自然科学工作者加强合作，共同解决现代化建设中的一些重大问题，这是开创社会主义建设新局面时期的一个特征，也是胜利完成党的十二大确定的历史任务的一个保证。

为了完成十二大提出的宏伟目标，无论是自然科学工作者和社会科学工作者都应面对社会主义现代化建设的客观需要，使自己的研究工作适应人民的需要，适应社会主义建设的需要。而要适应这些需要，无论是社会科学的研究还是自然科学的研究，都需要面向实际，为社会主义现代化建设的实践服务。

就人类历史总的来看，自然科学的发展是以生产的发展为基础的，反过来又推动生产的发展。离开了生产的需要，自然科学的产生和发展是不可想象的，社会科学也同样如此。在很长的历史时期，人们对社会只能作片面的了解，原因当然很复杂，而生产规模狭小，限制着人们的眼界，则是一个重要原因。只有在巨大的生产力——大工业出现以后，才能使人们对社会的认识变成科学。

人类社会的历史还证明，生产的发展向科学提出了新的问题、新的经验，为科学研究创造了新的研究工具、设备和方法。同时，也只有在生产发展的基础上，社会才能在物质方面给科学研究以巨大的支持。

由于我们是从事社会主义的生产建设，广大社会科学工作者、自然科学工作者加强合作，充分发挥自己的聪明才干，天地是非常广阔的。例如，党的十二大所提出的经济发展的战略目标，就涉及一系列自然科学和社会科学的重大研究课题，在座的同志们一定会有许多考虑，而且有的已经在科学发展规划和研究工作中体现了自己的考虑。我想在这里再举几个例子说明有些重要课题，需要自然科学和社会科学工作者结合研究的必要性。例如，关于2000年中国的研究。如何从理论与实践

的结合上，研究清楚 20 年后的中国是什么样子，描绘出一个
具体的、生动的图像，这对于确定达到这个目标的途径和措
施，对于动员最广大的群众为实现这个目标而奋斗，都是很有
必要的。1981 年胡耀邦同志找几个同志谈话，就提出这个题
目。这个课题是否可分为几个方面、几个层次来进行研究。一
个重要方面和重要层次是对我国科学技术发展的前景、各行各
业科学技术发展的前景及其对经济效益的影响的预测。同时要
研究国内外技术经济的发展动向，分析科技进步对经济发展的
作用，选择好各个时期的优先发展领域。要在这些研究的基础
上，探讨 2000 年我国国民经济、科学技术、文化教育、人民
生活、社会结构、政治生活是什么样子。胡耀邦同志还提出要
研究 50 年、100 年后的中国是什么样子。十分明显，这里研究
的内容既包含自然科学的课题，又包含社会科学的课题，很多
是需要两者结合起来研究的。现在，世界上许多国家，都在预
测它们本国和世界的发展前景。几年前，罗马俱乐部曾写了一
本关于预测 20 年后的世界的书（即所谓《发展的极限》的
书），看法是比较悲观的。美国前总统卡特不太同意这本书的
观点，也组织一些学者，针对这本书，又写了一本《2000 年的
世界》。其主编访问过中国。欧洲人也已写出 2000 年的欧洲，
日本人也写出了 2000 年的日本。苏联和一些东欧国家，也已
经写出或正在编写类似的书。我国的自然科学和社会科学工作
者也应该在这方面的研究工作中亲密合作，写出一套预测 2000
年的中国的著作来。这部著作应有较高的学术水平。现在国务
院技术经济研究中心正开始组织这个课题的研究，在社会科学
院的院务会议上也讨论过这个课题。现在趁这个机会，提出这
个问题向科学院的领导同志和在座的专家们请教，希望同志们

能参加这个重要课题的研究工作。当然这个研究不能一下出书,首先应向党和政府提出各种预测的报告。国家计委正在编"七五"计划,实际包括了到 2000 年的目标,我们这个研究对编制计划会有用处。

又如能源问题的研究。能源问题是制约我国经济发展的一个关键问题。解决这个问题,要求我们从开发和节约两方面努力。到本世纪末,能源实现翻两番不仅是很困难的,大概也是不可能的。但是增长一倍或者稍多一点儿,则是可能的。节约能源大有潜力。这就要求我们在技术改造,降低消耗,改进产业结构、产品结构,提高能源利用率等方面下功夫。根据有关的条件设想 2000 年我国能源消费增长弹性系数要降低到 0.5,才能满足国民经济、社会发展的需要。而发展中国家一般大于1,日本现在是 0.7,今后要求降低到 0.4。我国要把能源消费增长系数降到 0.5,这不是一件容易做到的事情。需要自然科学工作者、工程技术人员和社会科学工作者进行艰苦的研究,来一个个突破。

再如建设能源工厂这个课题,也是在研究山西能源基地的开发问题时提出的,受中央领导同志的重视。现在拟考虑先在北京、天津之间的一个新煤田搞这样的工厂。当然,在山西也要研究搞这样的工厂。这个课题也是跨行业、跨部门、多学科性质的课题,同样需要自然科学工作者和社会科学工作者共同研究,并在多方案技术经济比较的基础上,选择出适合我国国情的方案。这个事情,包括煤炭要经过气化,要把煤炭搞成化工产品,使用煤炭或其余热发电,还有利用矿渣和电厂的煤灰搞建材,当然还可能有其他内容,总之,它牵涉很多部门。而这些目前在我国是各搞各的,发电、化工、采煤等方面,要研究怎么搞才好。是三个部组织起来，以一个部为主搞好？还是交给地方负责，各部参加搞好？还是把三个方面组织起来，成立一个开发公司搞好？这些管理体制问题，属于社会科学问题。当然也还有技术方案的比较和选择问题，例如，是把煤炭搞成煤气输送出去还是煤气和甲醇联产，又搞甲醇又搞煤气？生产出来的甲醇是作为燃料用，还是作为化工原料来用？如此等等。当然，究竟用哪个方案，就看哪个经济效益好，这就既有自然科学的问题，也有社会科学的问题。这次论证会，对上述问题的解决会有很大的促进作用。

二　自然科学工作者和社会科学工作者加强合作是科学发展的需要

上面说明了党的十二大提出的任务，要求自然科学工作者和社会科学工作者加强合作。还应该指出，自然科学工作者和社会科学工作者加强合作也是科学发展的需要。尤其是当代自然科学和社会科学之间有一种相互渗透和相互结合的客观形势。这种趋势提出了自然科学工作者和社会科学工作者加强合作的要求。

马克思说："自然科学是一切知识的基础。"[①] 在科学史上，最初，自然科学和社会科学并没有十分明显的界线。在很长时期内，社会科学和自然科学内部也只分为很少几个学科。后来，随着社会和经济的发展，出现了所谓"科学革命"，开创

---

① 《机器·自然力和科学的应用》（1861—1863），人民出版社 1978 年版，第 208 页。

了近代科学的新纪元。新的知识领域不断开拓，新的学科不断产生，科学的分类，也就越来越细致、越来越复杂。由于深入研究的需要，不仅社会科学与自然科学的界线日益鲜明，社会科学和自然科学内部的划分也越来越细，整个科学发展的潮流趋于学科种类日益增多。与此同时，自然科学和社会科学之间也有一种相互渗透和相互结合的趋势。马克思曾经说过：历史本身就是自然史，由人形成的自然界的历史的实际部分。将来，自然科学包括人的科学，同样，人的科学也包括自然科学，这将是一门科学。列宁也说过：从自然科学奔向社会科学的强大潮流，不仅在配第时代存在，在马克思时代也是存在的。他还指出，在 20 世纪，这个潮流同样强大，甚至可以说更加强大了。当代自然科学与社会科学以及它们内部各学科的接近，表现在以下一些方面。

第一，表现在社会科学和自然科学的共同的研究方法的发展，表现在一些新的研究方法的诞生。社会科学与自然科学的划分，是以其研究对象是自然界还是人类社会为依据。而科学研究方法（这也是一种科学）研究的既不是自然界，也不是人类社会，而是达到科学认识的途径。这种研究方法是为社会科学和自然科学双方服务的。当代发展起来的信息论、控制论、系统论等新学科，不仅促进了社会科学、自然科学、技术科学的发展，而且揭示了它们在研究方法上存在着的共同方面。数学是一门发展较早的方法科学，从前主要是为自然科学和技术科学服务的，但是也为社会科学所利用。马克思和恩格斯就很重视数学。在《资本论》中可以看到马克思利用数学研究社会再生产问题；在《自然辩证法》中，有恩格斯的数学论文和计算。现在社会科学的许多领域更大量使用了数学以及统计的方法。我看到这次会议印发的中国科学院研究项目汇总表中第一个题目叫《应用优选统筹经营等科学方法论证山西能源重化工基地开发的最佳方案》，这也是用数学和优选法等科学原理来解决社会经济发展中的问题。社会科学和自然科学可以共同使用的科学研究方法的发展，使社会科学和自然科学两者间的关系日益密切。

第二，表现在一些社会科学的学科与一些自然科学的学科内容上的渗透，从而产生了一系列新的学科。这些学科的研究对象，已经不像从前那样，或者是自然界，或者是人类社会，而是两者兼而有之。如环境科学就是这样一门边缘性的综合科学。山西能源重化工基地开发就有一个环境保护的问题。从太原目前空气污染的情况看，从山西黄土高原水土流失的严重情况看，这是一个很重要的问题。人类赖以生存的环境，既是自然的，又是社会的，环境科学不能不研究大气、土壤、水文、生物圈等自然现象的发展变化，也不能不研究生产方式、消费方式、社会组织形式等社会现象的发展变化。这样的科学，很难把它简单地划归社会科学或自然科学。不仅在社会科学与自然科学之间有这种现象，而且社会科学和自然科学内部也因互相渗透产生一些新的学科，如社会心理学、生物化学。这些新的边缘科学的形成表明：一方面，科学的分工更加精细；另一方面，社会科学与自然科学之间，以及社会科学内部和自然科学内部，都有几个学科结合起来解决某些问题的要求。

第三，表现为某一学科的发展，日益以其他科学的发展为先决条件，日益受其他科学技术发展的制约。例如，我们的研究项目中有一个题目叫《山西国民经济的综合评价和分区发展方向》，这是经济区划这门学科的课题。而经济区划这门学科的发展必须以经济科学、地理科学的发展为前提条件。举个简单的例子，现在我们研究人口问题，搞人口普查，如果没有高效率的电子计算机，就无法处理浩如烟海的数据和资料，人口问题研究就不能达到十分精密的程度。而人口问题研究利用的计算机软件和硬件，都是其他科学技术提供的。况且人口问题的研究还涉及许多社会、经济和政治因素。也就是说，只有有关的科学技术发展到今天这个水平，人口问题的研究也才能达到今天这样的水平。

当代科学发展的趋势以及自然科学工作者和社会科学工作者加强合作的必要性也提出了社会科学工作者和自然科学工作者相互学习的问题。自然科学和社会科学各有自己的研究对象、体系、概念和专业知识内容，如果自然科学工作者和社会科学工作者坐到一起，你谈的问题我不懂，我谈的问题你一无所知，那么合作就是一句空话。各方面专家一起解决实际问题，并不是把大家研究的东西简单拼接在一起，而是相互有机融合，是在工作中你中有我、我中有你，你考虑你的问题时，同时顾及我的问题，我考虑我的问题时，同时顾及你的问题。我们进行山西能源重化工基地开发规划的论证时，就是一直这样做的。研究煤炭开采布局的同志，要同时考虑运输的布局、其他工业的布局、劳动力的来源、农副产品生产和消费品供应的布局、水源的分配、城市建设的规划、区域生态的平衡等一系列问题。不能只考虑某一方面的情况，凭片面的情况确定方案，否则就会造成损失。所以，各方面专家要合作得好，就要求大家相互学习，学一些和自己学科有关的学科的知识。你只有对那一个学科的知识有了一些了解，你才能做到与那一个学科的专家有共同语言。现在，自然科学工作者、工程技术人员、社会科学工作者相互学习的风气逐渐形成。自然科学工作者、工程技术人员在这方面比我们社会科学工作者做得更好些。有的自然科学家、工程技术专家研究经济管理和企业管理很积极，很有成效。我在中国社会科学院第一届院务委员会第三次会议上曾说：现在，社会科学工作者尤其要注意向自然科学工作者和工程技术人员学习。因为，比较来说，社会科学工作者对有关的自然科学和工程技术更缺乏知识，而且社会科学工作者对有关的自然科学和技术科学，又不如自然科学工作者、工程技术人员学习有关的社会科学做得好。我们社会科学院的同志，这次就是来向自然科学工作者、工程技术人员学习的。

为了使自然科学工作者和社会科学工作者真正很好地合作，还要采取一些必要的措施。山西综合开发的规划工作在这方面提供了很好的经验，值得总结。今天在座的有中国科学院的领导同志和学部委员，有自然科学、工程技术、社会科学各方面的专家学者，趁这样的机会，我提出几点加强社会科学和自然科学结合的建议，向大家请教：

第一，加强中国社会科学院和中国科学院间的联系合作。比如，是否可以采取以下一些措施：相互交流有关的研究课题，相互吸收对方的相关学科专家参加研究课题成果的论证与评审，联合进行一些课题的研究，甚至也可以考虑两院的学者专家相互兼职，合搞一些边缘学科的研究所，以至有计划地组织两大学科之间的人才流动，等等。

第二，协调有关的制度。如中国科学院和中国社会科学院联席会议制度，协调自然科学和社会科学研究规划的制度，自然科学和社会科学合作成果的奖励制度，科技人员职称的评定和退休制度，双重学位、双重职称人员的工资待遇制度等。

第三，自然科学工作者和社会科学工作者联合开展咨询服务业务。咨询工作在我国是一项新兴的工作，当前建立的咨询机构大多数是专业性的，今后需要在有些咨询机构中既配备自然科学的人才，又配备社会科学的人才，以避免咨询意见的片面性。可否设想，自然科学工作者（包括工程技术人员）和社会科学工作者联合经营几个综合性的咨询机构。

第四，自然科学机构和社会科学机构合办人才培训中心。培训自然科学、社会科学边缘学科的各种人才（如管理人才），并承担国家交给的有关培训任务。

第五，要加强和改进发展规划与重大建设项目论证的组织工作。各级、各部门、各地区的发展规划，重大综合性课题或建设项目的研究攻关工作，都要采取自然科学工作者和社会科学工作者共同研究、联合攻关，一起解决问题的混合型工作方式。山西能源重化工基地规划工作已经有了一个良好的开端，特别是中国科学院的工作取得了可喜的进展。可否向有关领导机关提出这样的建议：今后对重大建设项目和发展规划，不采取这种形式，不是由有关自然科学和社会科学的专家、工程技术人员经过科学论证的方案，主管单位就不予审议。

以上意见很不成熟，也不全面，提出来是为了抛砖引玉，希望大家提出意见，促进各方面的改革，使我国的自然科学和社会科学，都能为社会主义现代化建设做出更大的贡献。

三　山西综合开发的规划工作和科学攻关工作，是自然科学工作者和社会科学工作者加强合作取得的成果

1982 年 5 月确定的 11 个方面的课题，包括综合平衡、能源工业、农业、水资源、其他工业（包括化工、轻纺、冶金、机械、电子工业等）、交通运输和邮电、科技文教卫生、环境保护及城镇建设、人民生活和社会环境、财政金融、平朔矿区区域规划等，都包含了极其广泛的自然科学与社会科学方面的内容，需要同时从这两方面去进行综合性的研究。我们的规划工作也正是这样做的。

中国科学院召开的这次论证会也体现了自然科学和社会科学的结合。这次会议的七大攻关项目的 90 多项课题，大都是多学科并具有综合性，在不同程度上具有自然科学与社会科学相结合的性质。为了开好这次论证会，中国科学院领导同志决定请各部委做实际工作的同志和一些社会科学工作者参加会议，从自然科学与社会科学结合的角度来研究分析这些课题的可行性，并且，从我国经济发展的需要以及经济与社会的现状，来研究实施攻关规划的条件和主要措施；从提高经济效益的要求出发，来确定科研攻关的方向。因此，我们这次科研攻关项目论证会，一定会取得预期成果的。

中国科学院这次召开的论证会是有重要意义的。这次会议同以前历次会议不同。它是自然科学工作者和社会科学工作者结合在一起来召开的。卢嘉锡院长说这是一个良好的开端，良

好的创举。希望这种结合进一步发展下去，而且可以采取多种多样的形式。

就这次会议来说，它具有以下一些特点：

第一，这次攻关项目的选题，是紧紧地围绕着党的十二大所提出的战略目标和战略重点进行的。能源、交通运输、农业和科技文教是十二大确定的战略重点。这次论证的重点题目，都同实现这些重点有极为密切的关系。例如，攻关的七大项中"燃煤和节约用水的联合循环装置的研究"，是为了提高供电效率、节约煤炭消耗、节约用水、减少污染的重大措施。"水煤浆技术"是为了合理使用煤炭，作为石油的替代。这一攻关项目的成功，将解决国内当前工业领域中急需解决的以煤顶油的问题。同时，水煤浆适合于管道输送，可以减轻山西铁路运力十分紧张的压力。"煤化工及输能新技术的研究"是能源化工型的综合利用，是一个综合利用资源、减少污染的重要方案。

第二，这次会议所讨论的关键课题，都密切地结合山西的省情和能源基地建设的实际，并且都是迫切需要解决的关键问题。例如，把山西建成能源重化工基地，一个突出的问题是缺水。1982年7月的一次会议上，有关专家们对省内水资源作了初步评价，结果是多年平均的年总量为142亿立方米，而预测2000年全省工农业和城乡用水，在中等干旱年份需要109亿立方米，供应相当紧张。七大攻关项目的水资源的开发与合理利用的研究，就是为了解决这一关键问题而提出的。上面所讲的节约用水的联合循环装置项目，也是根据山西缺水的特点而提出来的。

第三，攻关课题充分考虑了综合开发、综合利用的需要，为合理利用资源探索新的技术途径。例如《山西能源重化工基地煤系资源综合开发研究规划》，就是为了解决过去资源勘探和开发上存在的单资源专业开发、各自为政的不合理现象，使存在于煤系资源中伴生的丰富的黏土矿、铝土矿、硫铁矿、石膏矿以及水资源等能得到更合理的充分利用。

第四，课题内容既体现了勇于探索的创新精神，又适应了科学技术现代化的需要，并且是紧密地面向生产实际的。例如，这次攻关的项目，除了七大项目90多个课题外，还有近期推广的28项，其中如"矿井瓦斯监察仪""锅炉除垢防垢技术应用"等。太原的水是硬水，结垢厉害，解决了这个问题，锅炉检修期延长，就能够多发电。这些项目的实现将迅速地对生产产生有益的效果。

第五，不是单一学科，而是多学科协同作战，并且体现了自然科学和社会科学的结合。中国科学院这次把每一大项都分出若干子项的攻关课题，分别由各所负责。例如，"煤化工及输能新技术的研究"一项，就根据研究课题的总体设计，分解成38个攻关课题，分别由15个研究所分工负责，限期完成，发挥了多兵种联合攻关的特点。这是很值得我们中国社会科学院学习的。直到目前为止，中国社会科学院某些重大研究项目，还缺乏这种多学科的大规模攻关的组织。例如，对山西能源重化工基地的规划就是如此。"山西煤炭能源重化工基地方案论证"是一项包括了大量自然科学与社会科学内容的课题。这一课题完成的质量，在很大程度上取决于自然科学与社会科学结合的程度。这些课题的内容中，包括山西省综合经济区划方案及应用优选、统筹等科学方法论证基地开发的最佳方案，以及外部配套工程的统筹同步问题。完成了经济区划的研究，接着就要广泛研究自然、社会环境、农业、矿藏资源的分布及其开发条件，还要研究城市的布点、城市和农村的联系，包括实现商品的流通，以及为实现有效流通所需各类交通运输与邮电设施的建设、商业文化网点的合理布局等问题。在这次项目论证中，还考虑了应用优选等数学方法做好开发周期的安排，体现了数学与经济的结合。

这次山西能源重化工基地开发总体规划的科研工作和科研攻关工作，特别是这次论证会，给综合规划工作和科研攻关工作提供了许多好的做法，对我们今后进行这些工作非常有益。

第一，在这次会议上，科研工作十分重视经济实效问题，这是可喜的现象。过去在这类会议上，不大讨论经济问题，这次会议自然科学家非常重视经济实效，体现了党的十二大精神。如煤系资源的综合开发研究，有助于改变矿山开采上存在的较严重的采矿与工程地质和岩体力学脱节现象，避免单资源专业开发、重复采掘和破坏资源的情况。像煤化工、燃煤联合循环动力装置等课题也都考虑了经济效益因素。要把经济效益大小作为衡量研究成果优劣的标准。搞好科研项目的经济预评价工作，要在开发阶段就着手研究项目在开发过程中及工业化阶段的经济效益。有条件时，要做攻关项目的工业化预设计，以便于发现问题，及早解决。

第二，重视课题的进度与规划进度的衔接，因为课题是适应规划的需要而提出来的，所以两者的衔接极为重要。如地理所为了保证规划进度要求，对"山西国民经济区划的综合评价和分区发展方向"课题的研究工作抓得很紧，目前已提出了初步研究报告。又如地质所为了及时提出阶段研究成果，参加这次会议的同志都是风尘仆仆乘汽车而来的，沿途边调查边研究，赶到会议上作了重要的发言。当然，不可能要求攻关工作和规划同时完成，但在规划工作综合阶段，提出攻关课题的初步探索的结论是必要的，注意攻关工作进程与规划的实施要求配合的做法是很好的。这个经验告诉我们，科学研究成果也有时间性和紧迫感。我们在安排研究计划时，要考虑到时间要求，因为时间就是经济。时间的节约是最大的节约。我们科研成果早完成一日，经济效果就早实现一日。提高紧迫感，搞些实用的、近期能实现的项目是有重要意义的。

第三，要提前提出攻关项目工业化的工程要求，在研究内容中重视有关基础数据的研究。如水煤浆对输送设备的要求；燃气蒸气联合循环装置对材质的要求等。总之要把理论性的探索课题与实用性的课题尽早应用于生产，以争取时间。

第四，以攻关课题为中心，产生的一系列派生课题，要统筹安排，以保证课题工业化的配套要求，加速工业化的进程。如水煤浆应用，涉及电厂锅炉燃烧和化工水煤气生产工艺；能源工厂实质上是一个研究课题体系；生态和环保涉及各个方面；水资源的开发与节约影响面也很广。

第五，重视研究课题的多方案选择。攻关课题也要设想多种研究方案、不同的方法和途径，做好技术经济评价工作，选择适合国情和地方特点的合理方案。比如，煤炭开发的规模，煤炭综合利用的各种总体方案的比较，等等。就重点科研项目来说，如不同输能新方案研究（如对输电、输气、管道输煤三者的选择，管道输煤用水、用煤浆、用油浆三者的选择）；对于各种来源的水资源，如地下水、地表水、循环水的使用和节约；对环境保护的不同措施分析等，既要单项考虑，又要综合考虑。

第六，注意推广应用国内已有的成熟科研成果，这是最实惠、最有效的办法。从全国来说，就是要重视国内科研成果的推广，不要搞不必要的重复研究。如"水煤浆的研究"项目中的铸石管板应用这一课题，国内各工业部门早已对铸石的应用具有一定经验，这项成果就可以直接用来推广，不必再经过试验。我国各地区、各领域的经济科技发展极不平衡。为了迅速提高我国科研水平，搞好科研成果的推广与转移，是一项极重要的工作。

第七，"煤系资源的综合开发的研究"这一课题提出了综合勘探、综合评价、综合开采、综合利用的广阔思路。这将提高我国矿藏资源的勘探与开发的经济效益，而且针对勘探山西地下水资源的要求，也应当把地下水纳入综合勘探与开采的范围。

第八，对科研项目做出综合性系统的考察与评价。这就不仅要从山西的具体情况和综合开发的要求出发，而且要从全国的需要出发，从实现社会主义现代化的需要出发，满足党的十二大提出的经济发展战略目标的需要。

社会主义现代化建设向社会科学工作者提出的新课题[*]

　　我想从历史、现状、未来三个方面，谈一点我们社会科学工作者怎样加强对社会主义现代化建设的理论和实际的研究。

　　首先从历史问题讲起。这里讲的历史，不是古代史，也不是近代史，而是讲中华人民共和国成立以来的历史。新中国成立 33 年来的历史，是在马列主义、毛泽东思想指导下，社会主义在我们国家取得伟大胜利的历史。现在，已经制订了一个编写一套《当代中国》丛书的计划。这套丛书要写 33 年来社会主义在中国是怎样胜利的，我们的基本经验是什么，特别是要把 30 多年来社会主义建设的伟大实践上升到理论高度加以概括。中国社会科学出版社已为《当代中国》丛书拟定了 160 个题目，准备写 160 本书。实际上这还不完全，可能要写到 200 本，每本要写 20 万—30 万字，回顾和研究我们昨天是怎样走过来的，有些什么经验教训，这对我们探索未来的正确道路，建设有中国特色的社会主义，是非常有益的事。编写这套丛书，有关部门都要参加工作，社会科学院积极参加写作这套

---

　　* 本文是笔者 1983 年 2 月在中国社会科学院研究生院所做报告的第一部分。

丛书是责无旁贷的。从拟定的题目来看，有不少题目是应该由社会科学院参与编写或直接负责编写的。比如《当代中国的社会科学》《当代中国的经济》《当代中国的政治制度》《当代中国的民主和法制》《当代中国的文字和文字改革》《当代中国的考古事业》等。这些题目是和我们社会科学院的研究工作密切相关的，也是许多研究所的研究任务。党中央、国务院各部门和各地方有很多经验十分丰富或者理论水平相当高的同志参加了这个工作，我们社会科学院的同志和他们亲密合作，一定能够从理论的高度对新中国成立以来社会主义建设的经验教训加以科学的总结，写出高水平的著作来。写这样的书，对我们在未来事业中取得更大胜利，无疑将起到非常重要的作用。

我们总结历史经验是面向未来的。首先要研究 20 年后，即 20 世纪末，我们的国家，我们的政治、经济、科技、文化、人民生活、社会结构，等等，是什么样子，还要研究 50 年后是什么样子。党的十二大已确定了到 2000 年我国社会主义经济发展的战略目标、战略重点、战略步骤和一系列重要的方针政策。我们的任务，是要从理论和实践的结合上，研究清楚 20 年后的中国，描绘出一幅具体的生动的图像，对人民进行宣传解释，以动员最广大的群众为实现党提出的伟大历史任务而奋斗。我们现在有些青年，在思想上还有空虚的地方，这和我们的工作也有关系，因为我们并没有清楚地告诉青年 20 年后的中国是什么样子，让他们知道为建设成这样一个国家应该怎样努力奋斗。现在有些青年人知道的就是百货大楼橱窗里摆的那些所谓现代化的东西，什么"索尼"的彩色电视机、"夏普"的收录机、"松下"的电器，等等，以为有了这些东西就是"现代化"了，好像 20 年后的中国就是那个样子。其实，20 年后的中国是丰富多彩的，非常生动的，并不只是百货大楼橱窗里摆的那些东西。所以，我们的思想领域在这方面的工作是有缺陷的，这个缺陷要我们社会科学工作者来解决。这样的课题，正是我们社会主义现代化建设的理论和实践的重大课题之一。为此，我们可以写很多书。但在写书之前，应该首先把问题研究清楚，提出一些对党中央、国务院有重要参考价值的研究报告来。在这个基础上写出来的书，才是有价值的。

现在世界上许多国家都在预测他们本国和世界发展的前景。比如，国际上有个有名的组织，叫"罗马俱乐部"，在20世纪70年代初写出了一本关于20年后的世界的书，书名叫《增长的极限》。它运用社会科学方面新发展起来的系统动力学的理论、方法和模型，从全球角度，综合考虑社会、经济、技术等问题，把人口增长、粮食生产、工业发展、资源耗竭和环境污染这五个问题紧密联系起来，通过定量的分析、计算，得出了三点结论：第一是讲发展趋势的危险性。认为：如果目前世界的人口、工业化、不可再生资源消耗、环境污染、粮食生产等方面的发展趋势继续不变，则在100年内，地球上的增长就势必达到极限，最可能的结果是人口和工业生产力都出现相当突然的和不可控制的衰退。第二是说可能有好的结果。指出：改变上述趋势，建立能够持续至遥远未来的生态和经济稳定发展的条件是可能的。全部平衡状态可以这样来设计，就是使地球上每个人的基本物质需要都得到满足，而且每个人都有实现他个人潜力的均等机会。第三是讲为了取得好的结果，应该采取什么措施。指出：如果世界人民要追求第二种结果，则他们为达到这种目的而开始工作得越快，成功的可能性就越大。可以看出，它的三点结论是互相联系为一个整体的。但是，国内外对它的评论，往往只抓住其悲观性的第一点加以批判，而不看全书的其他方面，这是不太恰当的。我们当然反对它的悲观论点，因为从历史的发展来看，人类总是会有所发现、有所发明、有所创造、有所前进的。但是我们认为，《增长的极限》所提出的互相联系的人口、粮食、工业、资源、环境这五个问题的目前趋势及其严重性，是值得世界人民和各国政府高度重视、认真对待和着力解决的问题。如果没有这种"预警系统"，上述问题，可能很少有人考虑，以致仍在盲目发展，其后果是不堪设想的。"罗马俱乐部"的一个论点说：它不是盲目地反对发展和进步，而是反对盲目地发展和进步。这是有一定的道理的。

美国前总统卡特曾组织一些学者仿照《增长的极限》写了一本《公元 2000 年的地球》。这本书虽然不同意"罗马俱乐部"过于悲观的那些论点，认为世界还是有希望的，但也明确地指出了人口、资源、环境和发展方面目前趋势及其严重性，并提出必须采取有效的措施。

最近欧洲也有一本《二十年后的欧洲》，我国已翻译出版。书中有很多展望。例如，这本书说，20 年后欧洲的小汽车将会比现在大大减少，自行车会代替小汽车。这个预测是否可靠，当然还有待实践来证明。可是我们现在还有不少人认为，每人有一辆汽车是现代化的一种标志。这是一个很复杂的问题。一般来说，目前的发达国家是所谓"汽车社会"，相当多的人都有汽车，整个社会结构、社会组织、城乡关系、商业布点、工业布局、居民生活以及交通运输的设施都随着这个所谓的"汽车社会"而发生了很大的变化。许多美国人都说，这么多的小汽车，搞成这么一个格局，想摆脱也摆脱不了。他们并不认为这是个好事情，希望我们不要步他们的后尘。1979年我们在美国访问时，有一个美籍华人带我们到餐馆去吃晚饭。但到了餐馆门口，却没有停车的地方，为了找停车的地方花了40分钟，而且离餐馆很远，又往回走了25分钟，才到目的地。然而，从我们住的旅馆到餐馆总共也用不了10分钟。吃饭用了差不多两小时，结果停车时间超过了，又加罚了15美元停车费。这个例子还未涉及因小汽车多而引起的能源消耗、环境污染、车祸横生等。所以，这个问题很值得我们研究。

日本最近出版了《2000年的日本》丛书。该书认为，日本今后20年面临三个问题，一个叫国际化，一个叫老龄化，一个叫成熟化。它预计20年后世界经济要走向多极化。现在的情况是东方、西方两极。将来，西方可能美国是一极，西欧是一极，日本是一极；东方可能苏联是一极，东欧是一极，中国是一极；发展中国家可能石油输出国是一极，新兴工业国家是一极，不发达国家又是一极。这说明20年后的世界格局需要研究。这本书还讲，到20年后，日本就要变成一个老龄化的社会，65岁以上的人口，20世纪80年代时占9.5%，2000年时占15.67%，到2015年就变成占21.12%，这是根据人口统计计算的。我们经过人口普查以后，也可以推算出这类数字来。老龄社会，就是要养活更多的年纪大的人。这就提出了许多问题，比如退休的问题。这本书认为晚退休比早退休好。可是西欧国家的预测是早退休比晚退休好。这些问题怎样更经济、更合理，对社会更有益，都值得研究。这本书还提出老年人退休后重新就业的问题。为了使老年人重新就业，他们还提出并建立了老年人教育训练机构，根据老年人的体力和就业志向开辟新的就业渠道。我们现在也遇到这个问题。许多老同志要退下来，退下来后怎么办？在日本，特别是西欧，现在都有一个很大的问题，就是退休金在整个国家财政支出中占的比例越来越大，甚至退休的人拿的钱比在岗位上劳动的人拿的钱还多，这就使在岗位上的人的积极性受到影响。我们也有这个问题。比如，上海有一个纸烟厂，现在大概有800人，所养活的退休人员就有1000人。在国营工厂是由国家拿钱，而集体企业就很困难，要靠现在劳动的人养活退休的人。退休的人是会越来越多的，对这一社会问题应该怎么办？需要研究。

现在，苏联和东欧国家也已经写出或正在编写类似的书，预测2000年时该国、该地区的发展变化。

作为社会主义的中国，我们更应该很好地研究我们的未来。当然，我们不能不经调查、不搞研究，把它当作科学幻想小说来写。它是真正社会科学的著作，要根据马列主义的观点，根据我国的历史，特别是要对我国的现状进行系统的、周密的调查和分析，并且要同国外的情况进行对比研究。和国外的情况进行对比研究是很有意义的。比如，我们说到20世纪末，我国每个人平均的国民收入要达到800美元或1000美元，那就要研究一下，那些资本主义国家，以及苏联和东欧的一些国家，当其人均国民收入达到1000美元时，生活是什么样，经济结构、产业结构、就业结构、技术结构、社会结构、消费水平是什么样，这都要有对比的研究。当然，我们有我们的特点，但是我们也要看看人家是怎么发展过来的，这样才能对我们国家经济未来的发展提出有根据的借鉴。

我曾多次讲过，问题还没有研究清楚就动手写书，这不是马克思主义的科学态度。我建议，我们社会科学院的各个所，特别是经济片的各个所，都要在调查研究的基础上写出不同形式的研究报告或建议，其中十分重要的就是向党中央和国务院提出有科学根据的、建议性质的研究报告。这样才不至于脱离社会主义现代化建设的伟大实践。现在国家正在编制 2000 年的规划，如果我们有这方面的科学预测，无疑对制定长远的规划是很有作用的。

为了展望未来，我们应该在总结历史经验的基础上，对我国的现状进行系统的周密的调查研究，从我国的现状出发研究一些重要问题。在全面开创社会主义现代化新局面的各项任务中间，首要的任务是把社会主义现代化经济建设继续推向前进。为了达到这个目的，党中央已经决定：从 1981 年到 20 世纪末的 20 年内我国经济建设总的奋斗目标，是在不断提高经济效益的前提下，力争使我国工农业的年总产值翻两番，即由 1980 年的 7100 亿元增加到 2000 年的 28000 亿元左右。为了实现 20 年的奋斗目标，我们在战略部署上要分两步走：前 10 年主要是打好基础，积蓄力量，创造条件；后 10 年要进入一个新的经济振兴时期。这是党中央、国务院全面分析了我国的经济情况和发展趋势后做出的重要决定。党的十二大确定的这个目标，为我们的研究工作，特别是经济研究工作指明了方向，我们的研究课题要和这个大目标结合起来。为了实现这个目标，应从什么地方着手研究呢？我们正在把全部经济工作转移到以提高经济效益为中心的轨道上来，应该以此为重点，着手研究为达到这个战略目标而制定的综合性的、全局性的技术经济政策和社会政策所应采取的措施，所必须经历的途径，以及有关的重大理论问题。

首先遇到的问题是，我们要实现工农业年总产值在 20 年内翻两番主要靠什么？提高经济效益主要靠什么？过去，我们采取的办法主要是以建设新企业、扩大基本建设规模、增加生产能力来发展经济。如果现在仍采取这种办法，从财力、物力、能源这些条件看，都存在很大困难。要实现翻两番的目标，我们要在思想上、实际工作上来一个重大的转变。今后生产的发展，必须依靠技术的进步，依靠对现有企业进行技术改造，把各项技术经济指标都提高到全新的水平。这样，我们的能源、材料、财力等条件，是可以保证我们工农业年总产值翻两番的。对于这个问题，可用首钢的例子加以说明。首钢规定给国家上缴的利润每年递增 6%，其余的留给企业，以进行技术改造，到 1995 年，它的固定资产就可以变成现在的 2 个以及 3 个首钢。它上缴的利润，从交给国家的税收方面讲，就可以提前 5 年翻两番。如果我们建设一个新的首钢，要花多少钱？宝钢当然要比首钢大，它本身就花了 50 多亿美元，还不包括它的配套工程。当然这不是说我们就不搞新的企业了，我们还要搞很多大的企业。比如要搞长江三峡的水电站，大概可安装 1000 多万千瓦的发电机，这样就可以把强大的电力向东送到上海，向北送到北京，向南送到广州。还要把山西建设成一个强大的能源基地。特别是内蒙古地区有很好的煤矿，也要建露天矿，在那儿准备搞大的火力发电站，发的电可以送到东北，送到北京，送到其他的地方。我们还要搞原子能发电站，现在广东就准备搞一个大的原子能发电站，这也要花 40 多亿美元。能源、交通这一套东西我们还是要搞，新的技术也要搞，因为翻两番没有这些东西是不行的。但大量的工作是在我们现有的40 万个企业，要使它们现代化起来。这就需要进行技术改造。在这方面花的钱并不多，但效果是大的。

可不可以这样设想，到 20 世纪末，把经济发达国家在 20

世纪 70 年代末 80 年代初已经普遍采用了的、适合我国需要的先进生产技术在我国厂矿企业中基本普及，并形成具有我国特色的技术系统。翻两番的任务至少有一半要靠这条途径来实现，这样做是大有前途、大有希望的。在这方面我们还没有多少经验。根据美国的统计，依靠现有的企业进行改造，采用新的科学技术，投资 1 美元大约可得到 2—3 美元的收益。而如果是新建企业，投资 1 美元连几角钱的收益也得不到。苏联现在也注意到这个问题。过去扩大生产是靠扩大基本建设规模，现在规定，固定资产的投资用来搞新的基本建设的，只能有 30% 多一点，另外 70% 用来搞原有企业的技术改造。

技术改造和基本建设一定要划清界限。现在有好多人借技术改造之名搞扩大基本建设之实，这个问题应该在理论上划清楚，在实际工作中才好划清楚。当然，要划得那么清楚是不大容易的，但总要有几条杠杠。基本建设我们要控制得严一点，技术改造要放得松一点，但也要给它划出界限来。大家都知道，我们这个国家，基本建设一失去控制，超过国力的可能，就使整个经济陷于困境。我们历史上有三次基本建设投资比上一年增加 100 亿元以上，都出了问题，后来都进行了大规模的调整，一个是 1958 年，比上一年增加了 120 多亿元，即所谓"大跃进"；一个是 1970 年，是"文化大革命"时；一个是 1978 年，搞"洋跃进"。1970 年是在"文化大革命"期间（那次实际上也进行了调整）暂且不论。1958 年之后进行了几年的调整，经济才恢复正常；1978 年"洋跃进"后到现在 4 年多了，我们还在进行调整。我们过去经济上的"折腾"都和这个问题有关。所以，基本建设规模究竟多大才合适，是需要我们很好地进行研究的。资产阶级经济学家说，社会主义国家普遍患有一种"投资饥饿症"。这是一个值得研究的问题。这种病症的根子在哪里，如何解决，是我们社会科学工作者的一个很重要的题目。另外，基本建设和技术改造有何区别，我们也应该在理论上给予划分。这个问题理论界也讨论过多少次，还没有总结出科学的说法来。在实际工作中，明确地区分这种界限也是有困难的。1982年，固定资产的投资是830亿元，从名义上来说，其中技术改造资金是300亿元，但实际上，300亿元中有100亿元搞基本建设用了。这就把基本建设规模扩大了。现在基本建设规模太大，要想办法缩小。但基本建设规模虽然扩大，重点项目却完成得不好，主要是非重点项目搞得太多，什么赚钱就搞什么，重复建设、盲目建设很厉害。比如卷烟厂，这是很赚钱的，所以这个地方要搞，那个地方也要搞，搞得很多。酒厂也一样，现在建设的酒厂，生产能力已大大超过了需要。

如果我们采取内涵扩大生产的办法，我们国家的工业现代化就会取得很大的经济效益，并为农业、交通运输业、科学技术、国防的现代化奠定更好的物质基础。绝不能这样设想，我们国家现有的近40万个工业交通企业仍然是旧设备、旧技术、旧工艺、旧材料、旧产品，我们整个国家经济都在老技术的汪洋大海之中，在这中间建设了一些现代化企业，比如宝山钢铁公司、燕山石油化学公司、辽阳石油化纤公司等。难道这就实现现代化了？这其实并不是真正的现代化，也达不到我们工农业年总产值翻两番的战略目标。依靠科技进步进行技术改造，这是个很重要的指导思想，也是我们必须走的路子。不走这条路，我们翻两番的任务就不能圆满实现。例如到20世纪末，我们的能源实现翻两番是很困难的。我们把现在全国生产的能源，包括煤、石油、天然气、水力发电、太阳能加在一起，折合成标准煤来计算是6亿吨标准煤。到20世纪末，尽最大的努力，可达到12亿吨。能源翻一番都相当困难，工农业年总产值要翻两番，这不是个更困难的问题吗？而且，现在我们的工厂大概有20%—30%是缺煤缺电的，怎么办呢？这也是个重要的科研项目，既是自然科学需要研究的课题，也是社会科学需要研究的课题。一方面，根据翻两番的要求和能源的生产情况，我们能源的弹性系数应是0.5，即产值增长1%，能源增长0.5%；另一方面，我国的能源利用率很低，只有30%。在这种情况下，只有大力节约能源，才能达到翻两番的目的。日本现在能源的弹性系数是0.7，估计今后可能达到0.4，该国的能源节约在全世界是最有成效的。我们要达到0.5的弹性系数是很不容易的事情，需要我们下大功夫来研究，来实践，来突破。

为了实现今后20年我们国家社会主义经济建设战略目标，我想提出这样一些研究课题，和同志们讨论。

第一，到2000年我们中国是个什么样子，要描绘出1990年、2000年我国经济发展的比较具体的图像来。要有总体的图像，也要有分部门的、分地区的、分行业的具体图像，不能都笼统地说翻两番。比如说，到1990年、2000年我国的产业结构是什么样，产品结构是什么样，经济结构是什么样，教育结构是什么样，消费结构是什么样，总的图像又是什么样。总之，要把工农业年总产值翻两番具体化，要有各个部门、各个行业以至各个地区的具体的目标。

比如，我们现在的产业结构，工业大概占70%，农业占30%。农业中又包括工业，因为有农村社队工业。工业里，现在大概重工业和轻工业相等,各占一半。20年以后,是不是还这样?前两年调整时,轻工业的比例上来了,去年因为扩大基本建设规模,重工业又上来了。将来究竟整个经济结构是什么样?产品结构是什么样?我们现在初级产品很多,半成品很多,高级产品很少。将来生产资料占多少,生活资料占多少,生产资料中各类产品占多少,生活资料中各类产品占多少,对这些问题都要很好地研究。

技术结构中,我们现在有自动化、半自动化、机械化、半机械化以及手工劳动。有人写文章说,现在技术结构的情况呈现的是一个金字塔形,即手工劳动是大量的,往上半机械化、机械化、半自动化逐渐减少,自动化最少;将来要发展成一个菱形,即手工劳动和自动化都较少,大量的是中间状态的。是不是这样,这个问题是值得研究的。8亿农民手工劳动变成机械化、半机械化是不容易的。

就业结构。现在10亿人民中有8亿搞农业,这种状况一定要变,不能到2000年还是这样。那时,城乡人口的比例是多少,城市里生产部门占多少,非生产部门占多少,服务部门占多少,同样需要认真研究。我们现在是服务部门(就是西方所说的第三产业)的比例太低了。在美国和其他一些发达国家,第三产业占就业人口总数将近60%。我们现在真正搞服务的,照西方第三产业的口径计算,只有10%,还不到20%。

消费结构变化就更大了,现在在我们收入中,大概有一半是用在吃的方面,穿的占不到10%,用的比穿的所占百分比还低些,其他用于杂七杂八的非商品性支出,如房租、水电、文化生活,等等。将来的消费结构肯定要起变化。现在大家要买电视机、录音机、洗衣机,这类耐用消费品在支出中的比例就高了。以前低值易耗的消费品用得多，现在是高质耐用的消费品用得多。消费结构将来还会有更大的变化，这个问题也值得仔细研究。消费结构与产业结构是相关联的，生产决定消费，消费反过来又影响生产。

我们还要研究各个部门、各个行业以及各个地区发展的特点，要研究总目标。有的部门、行业、地区会发展得快些，超过或大大超过翻两番的要求；有的则不能翻两番。要区别对待，才能落实经济发展目标。不按可能和需要，笼统地都谈翻两番，是不切实际的，也不符合国民经济结构调整的要求。因此，要拟定体现总目标的具体的目标体系。最近工业经济研究所、技术经济和数量经济研究所参加了山西煤炭开发规划工作。该规则表明，到 20 世纪末我国煤炭要达到 12 亿吨，山西那个地方就需要开采 4 亿吨。因为山西的煤发热量很高，每公斤煤的发热量达 6000—7000 大卡。要搞煤炭，就要搞大的电网、大的能源工厂，要搞煤的气化、液化，还要搞煤化工。现在山西煤炭年生产量是 1 亿吨多一点，要变成 4 亿吨，本身就翻两番。如果它不翻两番，全国能源翻一番就达不到。所以要把翻两番的目标具体化。如果各个部门都照样翻两番，那我们现在不合理的经济结构到 20 世纪末就会更加不合理，地区经济发展不平衡的现象将依然如故，甚至更为严重。

上海已经搞了一个大的技术改造规划，要把国外的资金、技术吸收进来，真正发挥中心城市的作用。上海如果照现在的情况，主要采取外延扩大再生产的办法，再翻两番是相当困难的。上海现在已经有 500 亿元的工业生产总值，其中有 170 亿上缴国家财政。要把上海发展起来，真正成为周围地区经济活动的中心，就应该给它比较大的权力，这样才能以经济的办法把周围的地区吸引过来。不然的话，条条块块的束缚老也打不破，体制总也改不了。有一段时间，我们各个省、市、区都直接搞出口，自相竞争，结果是外国人得了大利，地方得了小利，国家受了大害。因为自己内部竞相杀价，外国人"坐山观虎斗"，致使国家减少了外汇收入。正确的做法应该是大家联合起来，实行"内联外挤"，一致对外，这样经济效益会好得多。

第二，为实现我们的战略目标，需要制定什么样的经济改革方针、技术政策、社会政策、总政策和分部门的政策，这也是我们研究工作的重点。

在经济建设中战略目标的实现、战略重点的保证、战略步骤的安排，都要有正确的决策。如对能源政策、交通运输政策、原材料发展政策、各行各业的技术装备政策等都要很好地研究。

例如交通运输。山西如果年产煤4亿吨，怎样运出来，就是很大的问题。现在年产1.3亿吨煤，就有2500万吨堵在那里，运不出来，而有的地方却又因为没有煤影响生产。4亿吨煤怎么办？怎么运输？还是转换成电能，把电输送出去最经济。但是，要发电，山西又缺水，没有水就不能发电。用火车运出去？现在还不行。要搞超长列车，一列车可以运煤7000吨到1万吨，即一列车拉100个车厢，每个车厢装70—100吨。而这样我们现在的铁路就不行了，现在的桥梁、路基、车站都不适合，要进行改造。我们准备再从大同修一条铁路到秦皇岛，专门运煤。还有人主张搞输煤管道。用管道输煤，1吨煤要用1吨水，可山西缺水，这也是个难点。中国科学院有一个研究题目是，1吨煤只用1/3吨水就可以用管道输送，这种煤还可以代油来燃烧。如果研究成功，对国民经济很有益处。还有一个办法是煤的气化。究竟采用哪种办法最经济？是需要研究的，它不仅是个自然科学问题，也是个社会科学问题。

又如原料问题，我们现在基建扩大了，木材不够。我们不能光靠进口解决，有些可以用化工塑料代替。冶金工业也是这样，我们过去搞冶金，是采矿、选矿，然后炼成铁，再炼成钢，轧成材，这样花钱很多，消耗的能源也很多。要计算一下，如果进口矿石比自己开矿山选矿更经济的话，我们应该采取这种办法。我和日本专家讨论过这个问题。我说中国比日本有很大的优越性，因为我们资源丰富，要什么有什么。他们说：你们中国资源丰富，但按人口平均起来也并不是很丰富的。另外，正是因为你们有这些资源，你们不得不利用这些资源，而利用的花费是很大的，且不说要从很远的地方运到另一个地方；我们买的矿石，什么地方最好、最便宜，就从什么地方进口，比你们自己采矿石要便宜得多，从这个意义上讲，我们比你们更有优越性。这也是有一定道理的。现在我们宝钢不也是采取这个办法吗？这也是个经济问题。所以，我们不要把经济问题看成是很抽象的概念。

第三，研究如何贯彻今后20年国民经济发展主要依靠科学技术的进步的方针。每个行业、每个专题都要研究技术进步怎样落实？引进技术怎样搞法？技术改造怎样安排？各个部门如何协调？各行业都应有全行业技术改造的规划。

例如，去年我国的固定资产投资是830亿元，究竟基本建设投资应该占多少、技术改造又应占多少才算合理呢？苏联是三七开。我们要根据我国国情，研究确定合理的比例。折旧率在资本主义国家很高，一般10年或七八年就折完了。我们现在只有 3% 点多，而且其中 30% 甚至一半国家还要收回去。按现在的办法，鞍山钢铁公司 50 年才能更新。这样低的折旧率怎样保证技术进步？苏联折旧率也是很低的，最近几年有些提高，但也只有 6%—7%。苏联经济指标中有个报废率，就是每年机床必须报废多少要作为计划指标下达，这点也比我们强。我们的机床是国营企业不能用了，下放到地方；地方企业不能用了，又下放到公社；公社再下放到大队。这样做浪费很大，阻碍技术的进步。

再例如，新产品理应采取优质优价的政策。但我们现在优质不优价，劣质也不劣价，这怎么能鼓励生产新产品？鼓励技术进步？

第四，研究怎样提高经济效益。如何衡量和评价经济效益是一个大课题。在这方面，从宏观经济说起来是一个说法，从微观经济说起来又是一个说法。怎样把宏观经济和微观经济结合起来评价？这个问题早已摆在我们面前了。在国民经济发展中，资源的分配问题就是这个性质的问题。比如，1 亿吨石油怎样使用才最合理，这就是个经济效益问题。我们有 1 亿吨石油，可是我们并没有发挥 1 亿吨石油所应该发挥的经济效益。目前，世界石油降价了，可我们还在出口石油。过去石油价格高时，我们没有外汇，出口些石油是对的；现在出口石油，人家不愿意要，价钱也压低了，而且我们手里边也积攒了不少外汇，还不会合理地使用。另一方面，我们有很多石油化工厂、炼油厂却因为没有石油做原料而"吃不饱"。现在国务院决定成立石油化学总公司，就是要把石油部的炼油厂、化工部的石油化工厂、纺织部的化学纤维厂都归石油化学总公司领导，给总公司的任务就是怎样合理使用这 1 亿吨石油，使它发挥更大的经济效益。

还有，工农业总产值增长速度与国民收入增长速度的关系问题也需要研究。30多年来，我国国民收入增长速度总是低于工农业总产值增长速度。但是有些年代，如20世纪60年代的调整时期，两者的增长是同步的，有时国民收入增长速度还高于工农业总产值的增长速度。出现这种情况，说明我们投入得少，产出得多，符合经济原则，经济效益高。怎样才能做到使国民收入增长速度高于或同步于工农业总产值的增长速度，这个问题是应该很好研究的。在经济发达国家，这两者的增长从长期来看是同步的，而且国民收入的增长略高于工农业总产值的增长。苏联、东欧也大致如此。我们也应当做到这一点。如何做到，这是我们需要努力解决的问题。

第五，在发展速度和经济效益统一的前提下，进行国民经济综合平衡的分析。也就是说，要研究一下获得最好的经济效益的发展速度应该是一个什么样的速度。我们"六五"期间计划是"保四争五"。1982年我们的发展速度达到3.7%多一点。有同志提出，我们的计划是否订得低了一点儿？也有同志讲，计划订得低一点儿、实际能超过一点儿更好。这个问题也是值得研究的。另外，第七个五年计划、第八个五年计划、第九个五年计划，速度应该怎么订？最优速度是多少？在总的发展速度要求下，对于各个行业、各个地区的最优发展速度和不同阶段的最优速度，都要很好地研究。我们分两步走，前10年准备，后10年振兴，前10年的发展是6%或稍高一点，后10年8%—9%；以20年平均来说，我们要有7.2%的速度才能翻两番。究竟是前10年速度高一点儿好，还是后10年速度高一点儿好？有的同志说赶前不赶后，也有的同志说现在的速度想高也高不起来，现在要高，后 10 年就低了。这些都要深入地研究。

第六，研究计划指标之间的关系，完善地体现计划经济的综合平衡和市场调节的辅助作用，保证国民经济按比例协调发展。这是我国社会主义经济的重要特征。苏联是不承认市场调节的，曾批评过市场社会主义，说南斯拉夫搞的是市场社会主义。我们是有一点独特的东西。我们的宪法中是这样写的："计划经济的综合平衡和市场调节的辅助作用。"

第七，研究经济结构的合理化问题。要研究我们在 1990年时合理的经济结构是什么样的，达到 2000 年的战略目标时，经济结构又应该是什么样的。实现翻两番要有一定的经济结构来保证。这里包括各种经济形式、产业结构，还有生产、建设、流通、分配、消费等各个方面。

第八，重视消费结构和产业结构的关系，加强对市场容量和消费结构的研究。同时，要特别注意消费对生产的促进作用。

第九，加强农业作为国民经济的基础研究。要促进农业的发展，一靠政策，二靠科学。从长远的眼光来看，什么样的政策、什么样的科学技术能使我们的农业很快发展，对这一问题要很好地研究。比如，毛泽东同志说过：中国农村一家一户为一个经济单位是农民长期穷困的根源。这个说法对不对？我看是对的，那是说在封建土地占有制的情况下，农民一家一户的经济单位是穷困的根源。那么，为什么我们现在又要提倡什么专业户、重点户，又要发展农民家庭经济呢？因为今天我们的土地不是封建的土地所有制，农村的经济是集体经济，是公有制经济，是公有制下的家庭经济。当然，是不是永远如此？这个问题还要研究。恩格斯讲：家庭是历史的产物，家庭的作用是不断发展变化的。它是生产单位、消费单位、生儿育女的单位。当然，城市和农村不同，城市的家庭，除少数个体手工业，一般不是生产单位，而是消费单位和生儿育女的单位。目前，在农村，因为包产到户，家庭还是一个生产单位。但是作为生产单位的家庭也很复杂。比如在一个家庭中，大儿子到了基建队，是泥瓦匠，二儿子是木匠，三儿子参加了渔业组，四儿子参加了饲养组，这样的家庭也不完全是一个统一的经济单位。

第十，加强能源与交通等重要的经济部门对经济发展影响的研究。这是一个很大的问题。到 2000 年工农业总产值实现两个倍增，就要求平均每年增长的速度是 7.2%，而能源的增长很难达到这样的速度。因此需要努力节能。我国能源主要是煤炭，现在占 70%，将来还可能更高。煤炭跟交通运输有密切的关系，有了煤运不出来还是解决不了问题，因此，必须加强交通运输问题的研究。要研究铁路、公路、水路、海运、管道运输、航空运输的结构怎样才算合理。解决能源问题，还要加强水力资源利用的研究。我国对水运没有很好地利用。1980 年我到联邦德国访问，住在莱茵河岸边。莱茵河的水量还不如我国南方的西江，但每年的运输量比长江要大得多，而西江的水只等于长江的 1/5。这种情况和运价有关。现在水运的价钱比铁路贵，有好多过去有水运的地方，现在也不走船了，水白白地流。我们的长江被肢解了，你管一段，我管一段，支流的船不能进长江，或进了江不能靠码头。现在国务院做了决定，要进行管理体制的改革。还准备把运河扩展，首先把淮阴到徐州的运河开宽。这样淮南的煤、苏北的煤就能通过运河送到长江来运输。运价问题也要相应地进行调整。

第十一,研究智力的开发和就业结构。如何有计划地开发智力,如何合理地使用我国最丰富的人力资源,也是需要关注的问题。

我们本来有个最大的优势,就是人力资源丰富。人多本来是好事,毛泽东同志多次强调过。但是,到了具体问题上就成了困难。什么时候能彻底克服了这个困难,使人多真正变成发展我国经济的最有利因素,那么我国经济的发展肯定会更快。

日本没有什么资源,平均每一平方公里面积上的人要比我们多得多,但他们的生活过得不错。日本就靠进口原料,靠人家有比较高的技术,加工出很高级的产品出口,同时国内也消费很大一部分,以出抵入,还有很大盈余,这样就把国内人民的生活水平提高了。我们在这方面也要想个办法,怎样使人多真正变成好事,而不要变成包袱。现在大家都愁子女就业问题。这是一个很值得研究的问题。怎样充分发挥我们的人力资源,怎样把我们的知识水平提高,把技能提高,创造更多的财富,这和教育结构、智力结构有很大关系。我们现在一方面是大学生不多;另一方面是大学生出来找不到所学的专业的职业,有好多专业的毕业生分配不出去。学生在大学里学习,并不知道将来干什么,这是教育的一个很大的问题。我们一年才招30多万名大学生,在校的大概是100万人。而美国仅仅学管理、学经济的大学生就有将近100万人。我们学经济、学管理的太少了,只占大学生的3%左右。过去一个时期重理轻文,经济管理人才培养得太少,这和现代化的要求是很不适应的。至于说工科大学,知识面更窄。专科学校太少,职业中学太少,中学太多。联邦德国、法国有好多中学毕业生毕业以后并不愿意考大学，愿意读职业学校，出来以后当熟练技工。我们现在念书，目标就是上大学，大学出来以后干什么？却没有目标。当然每个人心目中有所想的一个职业，但分配不一定都达到愿望。农村将来要现代化，农民也要受教育。如果农民中文盲很多，缺少知识，那怎么能很好地发挥作用，实现农业的现代化？

学习孙冶方同志的
共产主义高尚品德[*]

冶方同志是我的前辈，是我的老师。对他的逝世，我感到十分悲痛。但是，每一个了解冶方同志品格的人都很清楚，冶方同志并不要我们为他悲痛，他希望我们奋发努力，完成他未竟的革命事业。

冶方同志虽然已经离开我们了，但是，他不仅在经济理论方面，而且在治学态度、学风和党性等方面都给我们党的社会科学工作者留下了宝贵的精神财富。悼念冶方同志，学习他的高尚品德，将大大鼓舞我们为实现党的十二大提出的全面开创社会主义现代化建设新局面而献身的共产主义精神。冶方同志共产主义的高尚品德，表现在许多方面，我想着重谈以下三点：

第一点，就是他高度的原则性。冶方同志在理论研究工作中始终坚持马克思主义的原则。60年来，他就是为马克思主义、为共产主义的原则而斗争、而生活的。这一点，我们从他

* 本文是笔者1983年3月4日在"孙冶方同志纪念会"上的讲话。原载《经济研究》1983年第4期。

的整个经历中，是看得很清楚的。他对阶级敌人是坚决地进行斗争的；他对王明和"四人帮"搞的那一套反马克思主义的东西，也是坚决进行斗争的。对于党内错误的思想，他是是非分明的，是积极抵制的。同时，我们也看到，冶方同志是非常遵守党的纪律的，他认为符合马克思主义观点的就坚持；当他认识到自己的观点不符合马克思主义时就改正；当他的观点和党的某些现行政策不一致的时候，他就按照组织原则，写报告，提出建议。过去冶方同志被错误地批判的一些观点，现在已经证明是正确的。而当时冶方同志的这些观点并不是公开提出来和党论战的，而恰恰是他向党中央、向国务院提出的建议。这件事情当时的处理是很不对的。冶方同志的做法是正确的。对党的政策、方针有不同意见，每个共产党员都可以提出，以至向党中央提出。这是每个党员按照党章应该享有的权利。我们从冶方同志几十年的经历中看到：冶方同志是坚持马克思主义、坚持党的领导、坚持无产阶级专政的，是积极地为社会主义建设而奋斗的，也就是我们现在经常所说的坚持四项原则。在这些方面，他是我们的模范。他有不同的意见，即使党的某些领导同志不同意，他还是继续提出，并不因为自己的意见不合潮流就放弃。但是，他在提意见的时候，是按照党内生活的准则来进行的，不是随便议论，我行我素，政治上同党对立，搞自由化。他在政治上、在行动上始终同党保持一致。冶方同志生前竭力反对那种认为要在政治上与党保持一致就很难坚持真理的看法。冶方同志以他的模范行动给我们做出了榜样。他是在理论研究工作上坚持真理的模范，同时也是遵守党的纪律的模范。我们作为一个共产党员，作为一个党的理论工作者，是应该很好地向他学习的。

第二点，就是冶方同志的良好学风。我和他接触的这 30 年当中，感觉到冶方同志从事经济理论工作，无论和他同龄的人相比，或者是和他的晚辈相比，他是最注重理论与实际联系的。在过去 30 多年中，冶方同志写的调查报告，比他写的文章要多得多。他经常到工厂、到农村、到商店、到基层群众中，做深入的、系统的调查研究工作。他写的反对"复制古董"和"冻结技术"、建议提高折旧率、加强设备更新和技术改造的文章，就是经过长期的、系统的调查研究写出来的，是从感性认识上升到理性认识的结果。这些正确的观点，他在 20 世纪 60 年代初期就逐步形成了。以后他虽然遭到极不公正的批判，但毫不气馁，更加发奋努力，系统地进行调查研究，使自己的认识更加深化。冶方同志极不赞成某些社会科学工作者整天坐在书斋，深居简出，不调查，不研究，问题还没有弄清楚，就著书立说。他更反对对某个问题，毫无涉猎，毫无研究，就大发议论。冶方同志在经济学术的研究上之所以有杰出成就，不仅是由于他对马克思主义的著作进行了认真学习，认真研究，同时，他对于中国的社会状况，中国的政治状况，特别是中国的经济状况进行了周密的、深刻的调查研究。他把马克思主义的一般原理和中国社会主义经济建设的具体实践结合起来，这样才使他在经济研究中能够产生独创性的见解。这是他高于我们的地方，也是我们应当很好地向他学习的地方。

在学风问题上，还有一点值得我们很好地学习，这就是冶方同志对待和他意见不同的同志，对待写文章批评他的同志，所采取的共产党员应该采取的马克思主义的态度。我们知道，有一些同志在经济学术观点上和冶方同志是有分歧的。对于这种分歧，冶方同志从来都主张摆在桌面上来进行讨论。如果可以公开争论的话，他也主张在报刊上点名进行商榷，进行批评。他并不认为人家和他商榷，或者批评了他，就是他的仇敌，怀恨不已。他从来不在理论的原则问题上让步，如果他认为他的观点是正确的话，是决不妥协的。但是，他对于同他意见不同的同志，或者批评过他的同志，在私人关系上，在同志关系上，却是非常亲热的，并不因为有过争论，就不能合作，就不能在一起研究讨论问题，就把人家从本单位赶走，就水火不相容。他尤其反对争论双方进行无原则的攻击。冶方同志在领导经济研究所工作时，曾有一位年轻的同志，和冶方同志在某个学术问题上有过争论，后来这位同志因工作需要被组织上调到别的单位去了，冶方同志知道了这件事以后感到非常不安，曾与管人事的同志商量要把这位同志调回来。这种精神也属于学风问题，也是我们社会科学工作者的职业道德问题。社会科学工作者都有一个学风、一个职业道德的问题。现在提倡精神文明，提倡职业道德，社会科学工作者研究社会科学也要有职业道德。冶方同志在这方面表现了一个高尚的共产主义者的社会科学研究的职业道德。

第三点，就是他坚强的党性。冶方同志是一个党性坚强的、优秀的共产党员。冶方同志在理论研究工作中之所以有高度的原则性，之所以有良好的学风，都是来源于他有坚强的党性。他革命已经60年了，60年如一日，对党忠心耿耿，在他处于顺境的时候是这样，特别是在他处于逆境的时候更是这样。我们知道，冶方同志生活的道路是很不平坦的，他曾经受过很多不公正的、极为错误的对待。但是他在这样的时候，对党从无任何怨言，仍然以赤子之心忠诚于党的事业，坚信党的事业的正确性。他深信，正义一定会战胜邪恶。这种精神是非常感人的。这对于一个共产党员来说，特别是对于一个为真理而斗争的党的社会科学工作者来说，是学习的榜样。

我愿把冶方同志当作自己的学习对象，当作老师，老老实实地学，一直学到见马克思的时候。

开展"2000 年的中国"的研究[*]

由中国科学技术协会和国务院技术经济研究中心倡议，我们今天召开这样一个会议。会议要我讲一点意见。作为一个仅仅是研究经济实际问题的社会科学工作者，在这么多的前辈面前，在周培源、钱三强同志，还有许多著名的科学家面前，特别是在自然科学家的面前讲话，我感到很困难，真是有一种诚惶诚恐的感觉。大家要我来讲话，只好提一些问题来向专家们求教。

裴丽生同志刚才已经说过，今天有许多自然科学家和社会科学家在一起，讨论研究一个重要问题。这个重要问题是个什么问题呢？就是 2000 年的中国将是个什么样子，就是要对 2000 年的中国进行研究。为什么要研究这个问题呢？研究这个问题的目的是什么呢？这是我想要提出来讨论的第一个问题。因为，这个问题是每一个中国人所极为关心的问题，既包括自然科学家关心的问题，也包括社会科学家关心的问题，每一个

---

　　* 本文是笔者 1983 年 5 月 25 日在国务院技术经济研究中心和中国科学技术协会联合召开的"关于'2000 年的中国'的研究报告会"上的讲话，原载《预测》1983 年第 3 期。

中国的老百姓都关心这个问题。无论是青年人，还是老年人，无论是男同志，还是是女同志，都关心这个问题。不仅仅这样，这也是世界上对中国友好的人，或不友好的人，甚至反对的人，都关心的一个大问题。

同志们都很清楚，党的十二大已经明确地规定了我们国家发展社会主义经济的战略目标、战略重点和战略步骤。我们现在要讨论的问题，是在党的十二大精神指引下，我们的自然科学工作者和社会科学工作者，怎样通过对国际和国内、客观和主观条件的综合分析，对 20 世纪末即 2000 年的中国社会主义的经济、文化、科学技术、人民生活，以及精神文明建设的发展，有一个总体的、综合的研究，描绘出一个比较清晰的具体的生动的图像。同时，探索达到我们国家社会主义建设的战略目标的各种可供选择的途径，在几个途径中，我们选择最佳的途径。还要研究实现目标应进行的决策及其根据，需要制定的政策，并且对这些政策执行的结果，做出一些预见性的分析。根据这些研究，然后提出对当前国民经济工作的要求和采取的措施，以便更好地实现十二大提出的伟大的战略目标。再把这个问题重复地说一遍，就是我们进行 2000 年中国的研究，目的是为了实现十二大提出的战略目标，为国家、为党中央和国务院进行决策和制定政策，提供有科学根据的参考资料；为各地区、各行业、各项事业的发展规划的制定，提供有科学根据的参考资料；并且，经过对 2000 年的中国的具体图像的宣传，鼓舞我国人民，为实现党的宏伟纲领而努力奋斗。这就是我们研究这个问题的总的目的。

斯大林曾经说过这么一句话：为了领导，必须预见，没有预见，就谈不上领导。这个话，我认为是正确的。因为人们的行动，特别是党领导下的广大人民群众的行动，应当是自觉的行动，不是盲目的行动。而要自觉地行动，就要有远见，就要正确地预见未来的发展。而未来的发展是由多种因素决定的，而且这些因素又是经常处于不断的发展和变化之中的，所以，只有通过科学的分析才能变不可知为可知，才能有正确的预见性。正确的领导，就是建立在对现在的和未来的情况的正确估量的基础之上的。

目前，世界各国都在预测未来。比如，几年以前，罗马俱乐部就写了《增长的极限》这本书，它考虑到世界能源供应的情况，世界人口增长的情况以及世界生态破坏的情况，认为世界的发展已经到了极限，到 20 世纪末或 21 世纪初期，总的发展就会停下来，经济就会萎缩。它就是做出了这样的估计。以后，它又写了第二个报告、第三个报告，对这些东西有所修正。但总的讲起来，它对未来发展的估计是相当悲观的。两三年以后，时任美国总统的卡特，曾组织了一个专门委员会，针对罗马俱乐部这样一种估计，也写了一个世界发展的预测报告。这个报告，被认为是对罗马俱乐部的报告的一种回答。但这个报告的估计，也是不很乐观的，只是比罗马俱乐部的分析要"光明"一点儿就是了。我们知道，在欧洲也写了未来的欧洲，即 2000 年的欧洲是什么样的报告。这本书在我们国内已经出版了。日本，去年在大来佐伍郎的主持下，组织了各方面的学者，以企划厅的名义，研究编制并出版了《2000 年的日本》。有一个总报告，还有九本分专题的报告。他们认为，2000 年的日本的特点将是国际化、成熟化和老龄化。针对这些情况，他们提出了一些相应的方针和发展战略。中曾根为七国首脑会议准备的报告，就有《2000 年的日本》中预测的影子。

苏联等东欧国家，也在研究这个问题。那么我们呢？我们就更应该研究这个问题。因为，我们党的十二大已经确定了本世纪末的战略目标、战略重点和战略步骤，所以我们更应该把2000年的中国发展的具体情况研究清楚。而且，由于我们的社会主义制度和计划经济，更有可能把这个事情搞得更好。社会主义制度和计划经济，给我们进行发展战略的研究和科学的预见，提供了比资本主义国家更为有利的条件。为什么这样说呢？这是因为我们有公有制和有计划的社会经济活动，这是资本主义制度所没有、也不可能有的。而我们有了这个制度，就便于我们在这方面进行科学研究的工作。同时，社会主义制度和计划经济本身，也需要科学的预测工作，需要有科学的预见，这样才能够作出更符合经济发展规律的计划来。因此，也可以这样说，在社会主义制度和计划经济条件下，才能更好地开展我们这个2000年中国的发展战略的研究工作。这就是我想和同志们讨论的第一个问题。

第二个问题，想和同志们谈谈我们这次对"2000年的中国"研究的内容。2000年的中国的研究，是一个庞大、复杂的经济、社会系统的研究。研究2000年的中国，是一项内容非常广泛的构思，它要总结过去、立足现在、面向未来，要特别重视经济和社会的协调的研究，大力促进社会主义的物质文明和精神文明的建设，建设具有中国特色的社会主义社会。描绘和论证本世纪末我国社会、经济、科技、文化等发展的轮廓图像，这种科学分析和预测的工作，既包括理论方法的研究，也包括实际应用的研究。这两个方面应以哪个为主呢？应该是以实际应用为主。整个的研究工作，可以包括些什么内容呢？我们设想，是不是可以包括下面这样一些内容：

1. 探索现代我国社会、经济、文化、科技等各方面的发展趋势和它的一般规律。这种规律的研究是带理论性的研究。

2. 分析国际上对世界前景的各种预测的方案，并对我国的国际环境的发展，进行综合性的分析。比如，日本对其 2000 年的研究，就不仅对日本未来 20 年国民生产总值，即 CNP 的增长做了预测；而且对其他发达国家也做了预测，对不发达国家也做了预测，对我们国家也做了预测。

3. 要探索发达国家、发达地区实现现代化所走过的道路，哪些是真正成功的，对我们是有益的；哪些是失败的，是我们不可取的，我们应避免重犯。国外的许多学者都向我们提出了这样一个问题。资本主义的现代化，有它好的方面，也有它不好的方面。我刚从日本回来。中曾根最近的讲演里面讲到，日本过去那种意义上的现代化已经完成了，而新的现代化开始了。什么叫过去意义上的现代化完成了呢？他指的是世界上资本主义国家已经发明创造出来的那些新技术它差不多都应用了。现在它要进一步发展，就需要自己开发新的技术。这样日本才能求得进一步发展。所以，他说日本现在正处于一个历史的转折点。这个转折点的标志就在这个方面。回顾这段历史，日本的学者，主要是官厅学派和民间学派，有很大的分歧。官厅学派认为，他们所走过的道路是完全正确的道路。民间学派则认为，他们所走过的道路既有成功，也有失败，而且认为失败是相当严重的。我一下飞机，就有一个日本有名的学者跟我谈了两个小时，主要讲日本现代化中有哪些失败。所以，我们不能只看它好的方面，应该全面来观察才行。在美国也经常遇到这一类问题。有很多学者向我们提出一些问题，比如，现在发达国家基本上都成为所谓"汽车社会"，差不多每一个成年人都有一辆汽车，就像我们许多人都有一辆自行车一样。我们城市里自行车多了，感到在交通上是个很困难的问题。但汽车多了，那个问题比自行车多的问题要严重得多。所以，"2000年的欧洲"就估计，到20世纪末欧洲将是自行车的时代，而不是汽车的时代。好多美国学者给我们讲，你们是不是也要照我们这个模式去走，和我们一样搞那么多小汽车，搞那么多高速公路？那样，城市里连个放汽车的地方也没有，汽车排出的尾气对环境污染那么厉害，整个社会的组织都随着这个东西转，什么高速公路啊，超级市场啊，工厂和居民区的布局啊，学校啊，社会的组织啊，工作地方的距离啊，都是按照小汽车普遍化这样一个格局安排定下来的。一旦能源短缺，汽车不能开动的时候，整个社会生活就会发生相当大的混乱。所以，现代化中间，有成功的经验，也有失败的教训，这个我们要进行研究。

4. 要研究当前和未来我国社会主义建设的国际条件和国内的情况。中国的发展与国际条件是很有关系的，如果不考虑这一点，打起仗来，我们卷进去、卷不进去，都与我们有很大的关系。如果未来20年国际还是没有战争的环境，那么又是另一种情况。世界经济发展景气，对我们的发展是一种影响；世界不景气，对我们又是一种影响。这个事情是根本不同的。我们国内对这个问题也有一种意见，认为世界经济越不景气，对我们国家越有利。也有人说，世界不景气，中国也是要跟着倒霉的。当然，这都是一种绝对的说法。不景气，对我们有有利的方面，也有不利的方面；景气，对我们有有利的方面，也有不利的方面。这都要进行具体的分析。但是，我们总不能孤立地研究中国，而不研究世界，这是不行的。比如世界不景气，我们买东西可以方便一点儿，可能有些东西价钱是便宜了。但是，我们卖东西，也没人买了，销路不畅了，另外，价格也要降低。这些都是相互作用的。不能只看到有利的这一方面，不看到不利的那一方面；也不能只看到不利的那一方面，不看到有利的这一方面，要两相分析、对比，才能知道总的结果。

5. 要研究国外在经济发展战略方面的理论和方法。过些天，我们还准备开一个这种问题的讨论会。

6. 要研究并且建立我国的经济、社会发展的目标体系，以及研究经济发展预测、经济发展评价、社会发展预测、社会发展评价的理论和方法。

7. 研究在本世纪末我们国家的社会环境和生产系统、经济区域和城市系统、社会经济及信息系统，探讨上述这些系统的相互依存、相互补充和相互制约的机制和条件。

8. 要研究本世纪末我们国家科学技术的特点、水平和能力，以及科学技术进步对社会经济发展适应的程度和影响的程度，着重研究怎样发挥科学技术进步的作用，来加速我们的经济增长。那么，究竟怎么样发挥科学技术进步的作用，这要具体化。这次在日本进行学术讨论，日本人讲，他们在高速增长时期，依靠科学技术进步实现的增长占总增长量的一半以上。我问以后呢？他们说，以后这个比例可能不到一半。我问为什么呢？他们说，因为以前那个时候我们引进的技术，是人家现成的技术，靠这个东西可以现得利。但是，未来就不能完全靠引进技术了，要靠自己开发、自己研究，这就要费力得多。原来我设想，科学技术越进步，依靠科学技术发展经济的作用就越大。从整个历史发展来看，是这样的。但是从一定的时期来看，不一定是这样的。我看日本人讲的这个事情，还是有他一定道理的。那么，从这个意义上来讲，可能今后一二十年内，只要我们引进技术，消化国外已经成熟的技术这个工作做得有效的话，我们的科学技术进步，在我们的经济成长中的作用就会是很大的。我看，做出这样一个估量是符合实际的。当然，这要依靠我们的工作了。

9. 要研究本世纪末我们国家的产业结构、科学技术结构、智力结构、就业结构、消费结构、人口结构等的最佳化和最优的集合，特别是要注意发挥我国人力资源丰富的这样一个优势。我们这个国家人多本来是一个好的事情，可是现在人多成了我们一个很大的负担。但是，人真正能够发挥起作用来的时候，又是我们最大的财富。日本土地面积只有我国的1/26，人口是我们的 1/10 多一点，从人口密度来讲，它比我们的密度高得多。但它现在并不认为人多是它的一个负担，而成为发展经济的很重要的因素。它没有资源，国土也是那么狭小，其他条件也并不那么好，没有人多的因素，经济是怎么发展起来的呢？所以，在这方面我们要很好地进行研究。

10. 要研究建设社会主义精神文明方面的措施和途径。我们古代的精神文明，有些不适合于现代了，但是有些对我们还是有用处的。我们要进行研究，发扬它的优良传统，为建设社会主义的现代精神文明服务。

11. 要研究本世纪末全国的、区域的、部门的以及中心城市的经济和社会形态，它的结构，它的组成，它的内部和外部的联系。

12. 要提出并且论证按照时间的顺序（比如说1985 年第六个五年计划完成的时候，1990 年第七个五年计划完成的时候，2000 年第九个五年计划完成的时候）分阶段的，按层次（就是国家一个层次，区域一个层次，部门一个层次，行业一个层次）分级的具体的目标，以及实现这个方案的主要技术经济措施。

　　第三个问题，想和同志们谈谈研究方法问题。从上面所说的情况可以看到，我们研究的对象是一个庞大的、复杂的经济、社会系统。我们既要研究发展的战略设想，又要求比较具体的、清晰的图像。这就决定了我们的研究工作的涉及面是很广的，我们的工作量是很大的，需要的研究人员是多方面的。就是说，不仅要有广大的自然科学家，而且要有广大的社会科学家，以及许多做实际工作的人。我们采用的方法也是多种多样的。我们的研究工作也是分层次的、多层次的。我们所研究的内容，是由国民经济、社会发展中最主要的课题构成的，因此就需要用系统工程的方法，对这项研究工作进行科学的设计。在具体研究上面，提出以下几点，请同志们考虑。

　　远景的目标和现实的国情一定要结合起来，而要从现实的国情出发采用长远研究课题和近期研究课题相结合的方法，从实际情况出发，确定长远的目标和达到目标的途径。我们已经确定了发展战略的总目标。怎样从我们现实的情况出发，达到我们想要达到的目标。这是第一点。

　　长远的研究与近期的研究相结合，要从近期出发；要分析实现长远目标对当前决策的影响和对当前决策的要求；要实现长远目标，当前我们要采取什么政策，有些什么要求。这是第二点。

　　总体的概念的研究和具体的图像的研究相结合，要从具体的图像出发。既要有侧重于定性分析的战略的研究，又要描绘到1990 年和2000 年我们国家经济、社会发展的比较具体的图像。要把在提高经济效益的前提下，工农业年总产值翻两番这个要求具体化，要有各个部门、各个行业以及各个地区的具体的目标，要从不同的角度，分析研究这些目标，不能够千篇一律地都是翻两番。实际上，有的要翻得多一点儿，有的翻不到两番，但是要把工农业各个部门、各个行业、各个地区不同的年增长率综合起来达到翻两番这个目标，而不是一刀切，都是翻两番。

刚才说过了，要重视技术进步对经济发展的作用，研究促进科学技术进步的政策和措施。在发展速度和经济效益统一的前提下，进行国民经济的综合平衡的分析，研究获得最好的经济效益的发展速度和速度分布。在一定的时期以内，比如我们在第六个五年计划时期，叫作"保四争五"；第七个五年计划时期，应该是保几争几？第八个五年计划时期、第九个五年计划时期，又是怎么样？这是一个总的要求。但是，在不同的部门、不同的地区，这个速度是不一样的；不能够要求上海的速度和青海的速度是一样的；不能要求现在最缺乏的能源，如石油、煤炭、电力这些方面的速度与其他行业的速度是一样的。每一个部门、每一个行业的最佳速度是什么，这需要我们进行研究。在搞清现有经济结构的条件下，参考国外的情况，探索到1990年的经济结构和2000年翻两番以后的经济结构，并且对能源、交通、科技、教育这些战略的重点，进行深入的研究。要探索在今后20年中，保证有中国特色的社会主义经济、社会稳定发展的因素和它的条件，进而研究怎样发挥有利的因素，克服不利的因素的方法和措施。要研究可能出现的不确定的因素。究竟在今后20年有哪些因素是不确定的，要分析这些因素和它可能产生的影响，并且根据这样一个分析，做出不同的方案、不同的图像分析，根据远景目标的要求，找出影响其实现的关键因素，并且围绕着这个关键因素，提出解决问题的适当的政策和措施。这是第三点。

总的来讲，研究方法中最重要的就是要把理论研究和实际研究很好地结合起来。一定要从实际出发，一定要实事求是。在这个前提下，要正确地解决几个问题。

1. 要采取定性分析和定量分析相结合的方法。过去，我们偏重于定性研究，这是对的，但是没有定量研究，我们就不能搞出一个具体的东西，就无法进行深入的分析和比较。所以，定量研究也是必要的。借助定量的模型，可使定性的研究更有基础。

2. 要处理好微观研究和宏观研究的关系，以及局部和全局研究的关系。因为我们都是分学科、分部门的，如果孤立地突出自己这个部门、这个学科，脱离了整体，我们就不会取得很好的效果。

3. 要把现代方法和常规方法结合起来。要重视运用常规的方法，同时，也要重视信息的作用和计算机这样一些现代手段的应用。我们可以把常规方法和现代方法结合起来，相互校正。

第四个问题，谈谈在"2000 年的中国"的研究中，各个学会的有利条件和对各个学会的一些希望。

前边已经谈过，进行"2000 年的中国"这一研究工作，必须动员各个领域的自然科学家、工程技术专家、社会科学家，以及有关的人员，组成一个优势的研究力量，深入地调查研究，密切地协作配合，才能取得预期的研究成果。这不仅是因为"2000 年的中国"是一个宏伟的、宏观的、综合的研究工作，课题的范围和技术的难度很大，涉及的专门学科和知识系统很广，不是任何一个单位或者少数专家所能够完成的；还因为，我们的社会主义现代化建设是一个十分光荣、极为艰巨的伟大历史任务，有许多亟须解决的复杂的新情况、新问题摆在我们面前，它既包括非常复杂的自然科学、工程技术方面的问题，又包括非常复杂的社会科学方面的问题。而我们现有的知识是很不够的。新中国成立30多年来的实践经验反复证明了，社会主义现代化建设中的许多重大问题，单纯从自然科学、工程技术方面，或者单纯从社会科学方面考察，都不可能得到正确的解决，而需要自然科学和社会科学两个方面的理论指导，需要自然科学家、工程技术专家与社会科学家的亲密合作，才能获得正确的解决。自然科学家、工程技术专家与社会科学家的亲密合作，共同探讨、研究和解决社会主义现代化建设向我们提出的许多重大理论问题和实践问题，是我们时代的一个特征，也是为了胜利完成党的十二大确定的历史任务而对我们提出的一个新的要求。"科协"所组织的各个学会，集中了我国各个方面的学者和专家，可以说是一个人才荟萃的所在，是我们智力的宝库、思想的宝库。现在外国不是有"脑库"的说法吗？我们这些学会可以说是一种智力库、思想库，也可以说是外国通常所说的"脑库"。这是实现社会主义现代化的一个重要的方面军。

我们的各个学会对于国际、国内科学技术发展的状况和趋势，是比较了解的，对新的事物是敏感的。这些都有利于贯彻经济发展依靠科学技术进步，科学技术面向经济建设这样一个方针。我们的学会，研究工作比较超脱，既不受部门也不受地区要求的限制。这就有利于保证我们研究的科学性和客观性，因而也有利于发挥我们各个方面学者的创造性。与有关机构的研究和规划工作相比,这是学会的一个重要特点。

有的同志讲,"2000 年的中国" 这个长期规划,应由计划委员会(简称 "计委")负责做。当然,计划委员会是做这个工作的。但是,还要不要我们这些学者、我们这些学会来参加这个工作呢?我看很需要,需要互相补充。我们研究的成果,可以在国家计划中反映出来,这是计委不能够代替的。我们这方面工作做得越多,做得越好,对计委的帮助就越大。计委是很欢迎我们做这个工作的。

我们学会的体系比较全面,而且包括一些边缘学科。这就便于进行横向的协调和综合的分析。这也是我们的一个优点。我们的学会是广泛联系各方面科学家的纽带。所以,我认为,学会在这个方面是大有可为的。

那么,学会在进行 "2000 年的中国" 这个经济、社会发展战略目标的研究方面,能做些什么事情呢?我们对各个学会提出一些什么希望呢?有下面几点,请同志们考虑一下。希望学会对本行业或者本学科的以下几个问题,经过系统的调查研究之后,能够得出一些结论性的意见来。

1. 本行业、本学科当前世界的情况和发展的趋势,包括生产的情况、开发的情况以及其他重要的情况。

2. 本行业、本学科我国的现状与世界的现状的对比分析研究。也就是说,我们这个行业,这个学科和世界来比,有多大的距离,怎样解决这个问题。

3. 本行业、本学科发展的战略和发展之后它的地位将会发生的变化。也就是说,这个行业产品的数量、质量、品种、技术水平对经济、社会的总体会产生什么影响。比如资本主义社会的汽车业，还有房屋建筑业、电子工业等，曾是支持经济发展的一些主要行业。但是，50 年前、60 年前，汽车工业在一些国家，如在美国经济中的地位和影响与后来是不同的。将来，情况还会发生变化。又如，日本在经济高速发展的时期，它的钢铁工业是很吃香的。发展汽车业、重、化工业和其他工业，都需要钢铁。现在这些工业部门都达到了饱和。目前搞的什么机械手啊，集成电路啊，加上世界不景气的影响，不需要那么多钢铁了。所以，钢铁工业大大萎缩了。现在日本有一些人就评论说，是不是原来就不应该发展那么多钢铁呢？其实，这也是一种片面性。日本当时高速度发展，就需要那么多钢铁；现在它低速发展，不需要那么多钢铁了。那么现在这些钢铁厂怎么办呢？对他们来说，这是一个很苦恼的问题。我讲这些是为了说明，我们每个行业的发展，在不同时期，它在社会经济中所占的战略地位是不同的，对于社会经济发展的影响也是不同的。我们要研究这方面的问题。

4. 对 2000 年的中国的发展前景，要做出几种预计来，至少要有上、中、下三种预计，还要按时间序列加以安排。比如说，2000 年我们国家总产值要翻两番，能源翻一番。能源现在是 6 亿吨标准燃料，到本世纪末就是 12 亿吨了。12 亿吨这是一个方案，比它高一点儿的方案是什么？比它低一点儿的方案又是什么？最近在山西搞的能源开发规划，就是要落实这方面的问题。山西煤炭本世纪末究竟要开多少，就有几个方案，一个是 3 亿吨，一个是 3.5 亿吨，一个是 4 亿吨。到 1985 年，到 1990 年，到 2000 年都是三个方案。要有几种方案，以便进行比较。考虑这些方案时，要考虑需求是多少。需求也是高的需求是多少，中等需求是多少，低的需求是多少。需求里还包括向国外的出口。向国外出口与我们的竞争能力有关系。我们现在内销的东西，5 年以后，能不能打入国际市场？这就要看有没有竞争能力了。你有竞争能力，就可以打入国际市场，没有竞争能力，就打入不了国际市场。打入国际市场以后，还需要研究国际市场的容量有多大，如果还是现在这个容量，就必须打倒对方，这就看你的产品量多大，产品质量好到什么程度，价格便宜到什么程度。当然，总的讲，资本主义世界是不景气的，日本也是不景气的。我前几年去过几次日本，这一次去了，特别感觉到了这个不景气。所有人碰见我的时候，总是讲它这个经济还是不好的。但是，日本这个经济不好，比起美国，比起西欧，还是好一些的，它在国际市场上是有竞争能力的。另外，在考虑我们 2000 年的发展时，还要考虑到产量，考虑到质量，考虑到品种，考虑发展到这种规模，我们要投入多少人力、多少物力、多少财力，能够投入的可能性有多大，还要看到技术进步的作用。

5. 要研究一下制约因素。就是说，分析还有哪些限制我们达到目标的因素，怎样克服这些制约因素。解决这些问题，要通过几种途径来进行选择，看哪一种是最佳途径。要研究本行业技术改造的进程和到 2000 年时的技术结构。比如，我们现在有些行业里的机械化、自动化程度比较高，有些行业手工操作占相当大的比重。那么到 2000 年，这种机械化、自动化、半机械化、半自动化和手工劳动的具体结构，又是什么样的呢？有人讲，它是个菱形结构。而现在，是个金字塔形结构，就是最上面的是自动化，接下来是半自动化，机械化，半机械化，最下面是手工劳动。到本世纪末，就要变成菱形结构，中间粗，上面和下面是尖的。我们这个金字塔形结构到本世纪末就会变成菱形结构？会有那么大的变化？我看也不一定。当然也可以有几种预计。

6. 本行业的技术经济指标的分析和提高技术经济效益的途径。最后，还要研究本行业进行战略研究的方法、预测的方法和我们选择这种方法的依据。

上面说的这些希望，是以工程技术性学会为例的。对一些基础性的学科、学会的要求和这些要求就不完全一样。这些基础性的学科、学会，主要应该研究本学科发展的动向和技术开发的前景，以及这一学科对我国社会经济发展怎样才能够发挥更大的影响。对于一些综合性的学科，要研究经济方面的各个因素怎样结合，特别是经济和社会的结合；要研究自然科学和社会科学怎样很好地结合，以及物质文明和精神文明怎样很好地结合的问题。我们一些综合性的学会，像系统工程学会、未来学研究会，研究的范围就更广了。比如经济、社会发展目标的设计，国民经济体系这一类课题，我们都应很好地进行研究。这一类综合性学会，还可以进行一些综合性问题和理论方法的研究。未来学会现在组织了 2000 年中国的研究，这个做法很好。有些学会，比如科普学会、教育学会，对精神文明的建设有很大作用，它们的工作，对我们整个研究也是很有意义的。

总之，我们进行"2000 年的中国"的研究，就是为了实现党的十二大提出的战略目标、战略重点、战略步骤，建设具有中国特色的社会主义。这是摆在我们全体自然科学家和社会科学家面前的一个紧迫的任务，也是一个非常光荣的任务。这个任务，必须要自然科学家和社会科学家结合起来，全面地合作，亲密地合作，才能胜利地完成。这不仅是国内的经验，国内建设事业的发展给我们提出了这样的问题，而且国外的成功的经验也证明了这一点。在我们组织和动员这么多同志进行这个工作之前，有些部门和单位，已经开始做这方面的工作了。许多自然科学家，有些学会，也在研究本世纪末自己这个部门、这个单位、这个学科的发展方向，做了很多富有成效的工作。一些社会科学工作者和单位也在进行这方面的工作。国务院技术经济研究中心不久前出了一些有关的参考资料，以后还准备继续出一些这方面的资料，发给同志们看。我们要在研究的基础上，写出一些有价值的研究报告和书籍来。既然罗马俱乐部能够写出《增长的极限》的报告，美国人、欧洲人、日本人都可以写出这一类的东西来，我们中国这么多优秀的科学家为什么不能写出这样一种东西来呢？我认为是一定可以写得出来的。当然，问题还不在于我们写出书来，最重要的还在于我们能够为党和国家进行科学的决策，提出有学术价值、有科学价值的研究成果，使我们的长远计划、中期计划能够编制得更好。

今天我们集合了这么多的自然科学家和社会科学家在一起开这个会，正如裴丽生同志所讲的，这是一个良好的开端。但今天还是个序幕，高潮还在后面。如何加速这个高潮的到来，取决于我们大家的共同努力。一定要拿出高质量的成果来。只有高质量的成果，才能够真正为党和国家的决策提供有科学价值的参考资料。希望大家努力，为实现我们社会主义的现代化，建设一个具有社会主义特色的中国，做出我们科学家应该做出的贡献。今天，我就想提出这几点希望，提出这些很不成熟的看法，供同志们讨论。

略论社会科学知识更新的若干问题[*]

党的十二大提出了全面开创社会主义现代化建设新局面的伟大历史任务。这个任务是十分光荣而又极为艰巨的，许多复杂的新情况、新问题摆在我们面前，亟须解决。而我们现有的知识是很不够的。在社会主义现代化建设中，既包括非常复杂的自然科学、工程技术方面的问题，又包括非常复杂的社会科学方面的问题。新中国成立30多年来的实践反复证明：社会主义现代化建设中的许多重大问题，如果单纯从自然科学、工程技术方面，或者单纯从社会科学方面考察，都不可能得到正确的解决；有了自然科学和社会科学两个方面的理论指导，有了社会科学工作者与自然科学工作者的亲密合作，才能得到正确的解决。这是开创社会主义建设新局面时期的一个特征，也是党的十二大确定的历史任务对我们提出的一个新的要求。

新的历史条件赋予我们新的任务，很自然地提出这样一个问题：我们社会科学工作者需不需要学一点儿有关的自然科学和技术科学知识，并同自然科学、工程技术工作者亲密合作，

* 本文原载《中国社会科学》（双月刊）1983 年第 3 期。

共同探讨社会主义现代化建设向我们提出的许多重大理论问题和实践问题，以便更好地研究新情况，解决新问题，为全面开创社会主义现代化建设的新局面做出自己的贡献。

围绕着这个问题，我提出以下几点意见，请大家讨论。

一　实践要求社会科学工作者同自然科学工作者加强联系和合作；社会科学工作者要努力向自然科学工作者学习

全面开创社会主义现代化建设的新局面，实现四个现代化的伟大历史任务，要求社会科学工作者、自然科学工作者、工程技术人员全面合作，要求他们与广大工人群众、农民群众密切结合起来，共同奋斗。否则这个任务就不能很好地完成。

社会主义建设的实践告诉我们：社会主义建设的许多理论问题和实际问题决不是一两个人可以解决的，也不是一两个学科可以解决的。因为现实世界的许多问题是很复杂的，决不像我们划分学科范围那么简单。这里可以举一个例子：像建设上海宝山钢铁公司的可行性研究，哪一位同志，哪一个学科能包揽得下来？当1980年论证这个项目是继续建设，还是停建或分期建设的时候，就组织了全国各方面的近200名专家参加，其中有研究金融货币、外贸、工业经济、基本建设、冶金、机械、交通运输、电力、水文地质等许多方面的专家学者和工程技术人员。因为建设那样大的一个钢铁基地，需要解决的问题是很多的。不讲炼铁、炼钢、轧钢本身，只就宝钢用水一项来说，没有研究各种冶金生产技术的，你就不知道要什么水质的水；没有研究水文的，你就不知道水从哪里引来才好；没有研究工程的，你就不知道水应该怎么个引法；没有研究经济的，你就不知道各种引水方案的经济效果如何；至于宝钢那样大量的用水和废水处理，对周围地区的环境，对上海工农业生产和人民生活的影响，则需要征询更多学科的专家的意见。这些不同学科的专家，从不同角度研究同一个问题，离开哪一个方面的专家都不成。在解决实际问题过程中，研究社会科学、自然科学、技术科学的同志们，自然而然地走到一起来了。

既然研究社会科学和自然科学的同志们要经常合作，就有一个相互学习的问题。社会科学和自然科学各有自己的研究对象、体系、概念和专业知识，如果社会科学工作者和自然科学工作者坐到一起，你谈的问题我不懂，我谈的问题你一无所知，那么合作就是一句空话。各方面专家一起解决实际问题，并不是把大家研究的东西简单地拼接在一起，而是相互有机融合，是在工作中你中有我，我中有你，你考虑你的问题时，同时顾及我的问题，我考虑我的问题时，也同时顾及你的问题。我们在进行山西煤炭重化工基地开发规划的论证时，就是这样做的。这个开发规划共有11个方面，133项研究课题，其中既有自然科学的问题，也有社会科学的问题，而更多的则是两者结合的问题。例如，研究煤炭开采布局的同志，要同时考虑运输的布局，其他工业的布局，劳动力的来源，农副产品生产和消费品供应的布局，水源的分配，城市建设的规划，区域生态的平衡等一系列问题。只考虑某一方面的情况，凭片面的情况确定方案，就会造成损失。

各方面专家要合作得好，就要相互学习，各自学一些和自己学科有关的知识。你只有对那一个学科的知识有了一些了解，你才能做到与那一个学科的专家有共同语言。比方说，有的同志提出采用管道运输的方式外运山西的煤炭，管道运输煤炭我国现在还没有，很多同志从未见过。但有的专家出国考察过这种技术，具有这方面的知识，他是内行，我就要向他们学习，请他参加论证。经过一段学习，我们就知道了管道运输煤炭在技术上是怎么一回事，好处在哪里，问题在哪里。我们就可以结合自己已有的知识，从经济上，从国情条件上，从国家发展的整体规划上，对这个方案做一个基本的评价。这样，我们就可以与技术专家一起讨论某些技术问题，大家也就有了共同的语言。

各类专家互相学习，还有助于我们从一个学科的知识内行，转变为解决与自己学科有关的实际问题的内行。就以管道运输煤炭这个问题来说，哪一个学科的专家是解决实际问题的内行呢？管道输煤的技术专家当然是内行。但是，他是又不是。因为他即使懂得了管道输煤系统的一系列技术问题，还是不知道究竟是建设管道好，还是建设铁路好。管道运输的技术专家，就他的专业来说，当然是有学问的，是内行；但他就不一定知道在山西建设一条铁路对山西的工农业发展会带来怎样的促进作用，也不一定知道建设管线不建设铁路节省的耕地对农业发展的具体影响。如果他对这些问题都清楚了，他就可以成为更优秀的解决实际问题的内行，对国家建设做出更大的贡献。我们研究经济问题的同志也只有懂得有关的技术知识，越出自己专业的狭窄界限，才能成为解决社会主义建设中实际问题的内行；同时，也只有在解决实际问题的过程中，才能把感性认识上升到理性认识，提高自己认识世界、改造世界的能力。

现在，自然科学工作者，工程技术人员，社会科学工作者相互学习的风气开始逐渐形成。自然科学工作者、工程技术人员在这方面比我们社会科学工作者做得更好些。有的自然科学家、工程技术专家研究经济管理和企业管理很积极，也很有成效。比较来说，社会科学工作者对有关的自然科学和工程技术更缺乏知识，而且社会科学工作者在学习有关的自然科学和技术科学方面，不如自然科学工作者、工程技术人员在学习有关的社会科学方面做得好。因此，目前社会科学工作者尤其要注意向自然科学工作者和工程技术人员学习。

二　当代科学技术的迅猛发展也提出了社会科学工作者扩大知识范围的问题

马克思说："自然科学是一切知识的基础。"① 在科学史上，最初，自然科学和社会科学并没有十分明显的界限。在很长时期内，社会科学和自然科学内部也只分为很少几个学科。后来，随着社会和经济的发展，出现了所谓"科学革命"，才开创了近代科学的新纪元。新的知识领域不断开拓，新的学科不断产生，科学的分类也就越来越细，越来越复杂。由于深入研究的需要，不仅社会科学与自然科学的界限日益鲜明，社会科学和自然科学内部的划分也越来越细。整个科学发展的潮流趋于学科种类日益增多。与此同时，自然科学和社会科学之间也有一种相互渗透和相互结合的趋势。马克思曾经说过：历史本

---

① 马克思：《机器。自然力和科学的应用》，人民出版社 1978 年版，第 208 页。

身是自然史的即自然界成为人这一过程的一个现实部分。自然科学往后将包括关于人的科学，正像关于人的科学包括自然科学一样：这将是一门科学①。列宁在 1914 年又说：从自然科学奔向社会科学的强大潮流，不仅在配第时代存在，在马克思时代也是存在的。在 20 世纪，这个潮流是同样强大，甚至可说更加强大了②。当代自然科学与社会科学以及它们内部各学科的接近和相互渗透，表现在以下一些方面：

首先，表现在社会科学和自然科学的共同的研究方法的发展。社会科学与自然科学的划分，是以其研究的对象是自然界还是人类社会为依据的。而科学研究的方法（这也是一种科学）所研究的既不是自然界，也不是人类社会，而是达到科学认识的途径。这种研究方法是为社会科学和自然科学双方服务的。当代发展起来的信息论、控制论、系统论等新学科，不仅促进了社会科学、自然科学、技术科学的发展，也揭示了它们在研究方法上存在着的共同方面。数学是一门发展较早的方法科学，从前主要是为自然科学和技术科学服务的，后来越来越多地为社会科学所利用。马克思和恩格斯就很重视数学。在《资本论》中，我们可以看到马克思如何利用数学研究社会再生产问题；在《自然辩证法》中，有恩格斯的数学论文和数学应用。现在社会科学的许多领域更大量地使用了数学以及统计的方法。社会科学和自然科学可以共同使用的科学研究方法的发展，使社会科学和自然科学二者之间的关系日益密切。

其次，表现在一些社会科学的学科与一些自然科学的学科

---

① 《马克思恩格斯全集》第 42 卷，人民出版社 1979 年版，第 128 页。
② 《列宁全集》第 20 卷，人民出版社 1958 年版，第 189 页。

内容上的相互渗透，从而产生了一系列新的学科，特别是边缘学科。这些学科的研究对象，已经不像从前那样，或者只是自然界，或者只是人类社会，而是二者兼而有之。如环境学就是这样一门边缘性的综合科学。人类赖以生存的环境，既是自然的，又是社会的，环境学不能不研究大气、土壤、水文、生物圈等自然现象的发展变化，也不能不研究生产方式、消费方式、社会组织形式等社会现象的发展变化。这样的学科，很难把它简单地划归社会科学或自然科学。不仅在社会科学与自然科学之间有这种现象，社会科学和自然科学内部也因互相渗透产生一些新的学科。如社会学与心理学结合产生社会心理学，生物学与化学结合产生生物化学。这些新的边缘科学的形成表明：一方面是科学的分工更加精细；另一方面，社会科学与自然科学之间，以及社会科学内部和自然科学内部，都有几个学科结合起来解决某些问题的要求。

最后，表现为某一学科的发展，日益以其他学科的发展为先决条件，日益受其他学科技术发展的制约。举个简单的例子，现在我们研究人口问题，搞人口普查，如果没有高效率的电子计算机，就无法处理浩如烟海的数据和资料，人口问题研究就不能达到十分精确的程度。而人口问题研究所利用的计算机硬件和软件，都是其他科学技术提供的。况且人口问题的研究还涉及许多社会、经济和政治因素。也就是说，只有有关的科学技术发展到今天这个水平，人口问题的研究也才能达到今天这样的水平。

马克思主义是发展的学说，是随着时代的发展而不断发展的，它有强大的生命力。早在19世纪末，恩格斯就说过："随着自然科学领域中每一个划时代的发现，唯物主义也必然要改变自己的形式；而自从历史也被唯物主义地解释的时候起，一条新的发展道路也在这里开辟出来了。"① 人类认识自然、改造自然、认识社会、改造社会的历史，特别是近 100 年来的历史，充分地证明了恩格斯所反复阐明的这个马克思主义的真理。从这个意义上来说，我们社会科学工作者也有一个通常所说的"知识更新"的问题。如果我们不努力学习新的知识，扩大知识范围，我们头脑中的知识就赶不上科学发展的要求，就赶不上社会、经济发展的需要，而且有成为时代落伍者的危险。当然，这不是说，所有的科学工作者都要成为科学的全才，也不是说原有的知识统统无用了。但是，适应科学发展的趋势和要求，根据需要和可能，我们社会科学工作者努力学习一点有关的自然科学和技术科学知识，特别是这方面的新知识，是很必要的。社会科学工作者只有在广博深厚的知识基础上，才能在某些方面有重大的突破。也就是说，在当代，我们社会科学工作者的科学研究，想要取得重大的突破，往往要求越出传统学科的范围，广泛吸收其他学科的知识。这样做，决不会妨碍本学科的发展，相反地还能更好地发展本学科的研究事业。

三　社会科学工作者要争取有一个比较完善的知识结构

社会科学工作者应当具有怎样的知识结构，这是一个值得探讨的问题。由于各个学科的情况不一样，它们对于知识结构的要求当然也不一样。但是，马克思主义这一门科学是社会科

---

① 《马克思恩格斯选集》第四卷，人民出版社 1972 年版，第 224 页。

学工作者必须掌握的。它是我们认识和改造社会、认识和改造世界的理论基础，是我们社会科学工作的指导思想。无论我们研究社会科学的哪一个学科，我们都能够从马克思主义的立场、观点、方法中汲取无穷无尽的智慧。在马克思主义的指导下，我们的社会科学工作者，是否应当具备以下三个层次的知识：

第一个层次，是本学科的专业知识。包括掌握本学科的概念体系、理论体系、研究方法、研究工具、基础资料，以及了解本学科的历史演变，研究本学科的现状和它的发展前景，等等。

第二个层次，是相关学科的知识。对经济学来讲，如哲学、政治学、法学、历史、数学和有关的技术科学等都是相关学科。在一个学科中，研究的问题不同，相关学科也会不同，如经济学中，研究生产力布局的，一定要掌握经济地理的知识，而研究货币的，就不一定。

第三个层次，是一般知识。人的时间和精力有限，因此对一般知识的要求过多，也未必合适。但必要的一般知识是应该具备的，如，我们所有研究人员，都应该学一点儿语法修辞和逻辑学知识。有的同志有精辟的见解，但缺乏概括、表达能力，这也是一种缺陷。

这三类知识中，专业知识是从事科学研究工作的基础。我们通常所说的基础牢不牢，主要是指专业知识是否扎实。相关知识是专业知识必要的延伸，它直接有助于专业知识的发挥。我们所说的扩大知识范围，主要是指扩大相关学科的知识。一般知识决定一个人的知识圈。我们的科学家，应该是具有现代知识和现代精神文明的人，知识圈越大，说明对人类知识了解得越多。一般知识会给研究工作一种潜移默化的影响，它能开阔思路，能启发思维，能引发思想火花。

在知识结构中，有一个如何解决专和博的关系的问题。知识的范围局限于本专业，其他方面的知识不够，往往会限制思路和眼界。我们社会科学工作者，往往由于缺乏其他方面的必要的知识，不能把自己的专业知识很好地运用到实践中去。而且，一旦本学科在其他学科发展的推动下，发生了某些重大的发展和变革时，就会由于缺少其他学科的知识而赶不上科学进步的步伐。只有不断探求新的知识，才能赶上时代的步伐。例如，马克思在写作《资本论》的过程中，就研究了数学、力学、天文学、物理学、农业化学、植物生理学、土壤学、机械学等多门自然科学的新成就，在《资本论》的《机器和大工业》一章中，凝聚了他的科学技术观。当然，如果一个人对很多方面的知识都知道一点儿，但本专业的知识不牢靠，样样事情似懂非懂，这样做研究工作当然是不行的。科学家都在搞科学竞赛，哪一个专业都不能独家包揽，你不专，有人专，不专的人是很难做出超过深钻的人的成就的。科学产品不像其他产品——其他产品一等质量有一等质量的价值，二等质量有二等质量的价值；在科学方面，同样一个问题，如果别人有了较好的研究成果，我的研究成果不如别人，在一定条件下，我的研究成果可能就没有什么价值。比方说，很多人对同一个项目进行经济效果测算，我测算的不如人家的准确，我的研究成果的价值就很小。自然科学和技术科学也是这样，人家设计出某个项目，一切方面都比我的好，我的设计可能就没有用处。因而只专不博和只博不专都是不好的。我们科学工作者要很好地处理这一对矛盾。每个人专要专到什么程度，博要博到什么程度，这要具体情况具体分析。各个学科的情况不同，各个人的情况也不同，不能一概而论，搞"一刀切"。像搞科学普及工作的同志就要相对地博一些；研究社会科学的同志相对于研究自然科学的同志来说，是不是也要博一些？我这里只是提出这个问题，是否正确，如何去做，还要请同志们研究。

四　社会科学工作者要根据
需要和可能学一点数学

把学一点数学这个问题专门提出来，一方面是考虑到数学对社会科学发展的意义，另一方面是考虑到我国社会科学工作者在这方面基础薄弱的现状。我这几年在工作中感到做经济研究工作的同志一般数学基础较差。这很不利于经济科学的发展，也影响我们更好地为社会主义建设服务。

我们知道，科学研究可以分为质的研究和量的研究。质的研究是十分重要的，因为它是对事物本质和属性的认识。尤其我们从事社会科学研究，不能离开质的研究。但是，在质的研究的基础上还需要有量的分析和研究，甚至要通过定量来定质。心中有数，对事物的性质的认识，才能更加准确，更有把握。因此，我们既不能忽视质的研究，也不能忽视量的分析和研究。

在很长时期内，社会科学偏重于对事物性质的研究。到了现代，随着社会科学的发展，量的研究越来越受到重视。美国有两位科学家统计了1900—1965年的62项社会科学的重大进展，发现其中量的研究占2/3。如果从1930年算起，5/6的重大进展属于量的研究。当然，资产阶级经济学家有重视量、忽视质的癖好，上述统计未必准确，但多少也显示出量的研究在社会科学研究中的重要性。

为了解决社会主义建设中的实际问题，在加强质的研究的同时，加强量的分析和研究是很必要的。例如，我国当前基本建设投资规模究竟是大了？小了？还是适当？质的研究可以给我们一个基本判断，同时，也需要作细致的数量研究。通过量的研究，才能知道在当前国情条件下，多大的基本建设投资规模才是大致合理的。这样才能为我们制定基本建设方案提供科学的依据。

所谓量的分析和研究，就是揭示事物与事物之间以及事物内部的数量关系。这就需要数学工具。越是复杂的问题，它的数学表达形式也越复杂，用的数学知识也越多。现在我们有些社会科学工作者和管理部门的同志，由于数学基础较差，往往不善于做量的分析研究工作。不久前，国务院领导同志曾经讲过，今后经济部门送到国务院讨论的文件，如果只有定性的概念，没有定量的概念，就不讨论。我认为这种要求是很正确的，是很合理的，这不仅是对做实际工作的同志的要求，而且也是对做理论研究工作的同志的要求。对理论研究工作来说，也不仅是对经济科学的要求，对于其他许多学科也是适用的。我们对资产阶级经济学有一个批判和借鉴的任务。现在西方经济学著作中往往大量地应用高等数学。如果我们不懂高等数学，又如何说得上批判和借鉴呢！提倡社会科学工作者根据需要和可能学一点数学，经济科学工作者是否可以根据条件先走一步呢！

五　社会科学工作者懂得一点儿自然科学和技术科学是可能的

　　社会、经济和科学技术的发展，要求有一批既懂得社会科学的某一学科，又懂得自然科学的某一学科那样的跨学科的专家和人才。当然，不可能对所有的科研人员都提出这种要求。但是一个人既懂得自然科学或工程技术的某一专业，又懂得社会科学的某一专业，则是可能的。这样的人才，在一些经济技术发达的国家，已经在成批地培养。美国的哈佛大学、麻省理工学院、斯坦福大学等院校的管理学院，有很多学生同时读自然科学或工程技术的某一学科和社会科学的某一学科，即同时争取得到两种学位。美国社会上把这种人看作拿着"金色护照"的人。有相当一部分人认为，这种人才对社会最有用，因而他们的待遇也最高。看来，我们也有必要培养一批既懂得社会科学又懂得自然科学的人才，有条件时也可以试行这种双学位的办法。这种人才对实现四个现代化是有益的。例如，我们大学的工业经济系、农业经济系、管理工程系等专业，就可以考虑让一部分学生在学习经济和管理知识的同时，学一门自然科学或工程技术的专业知识；或者先掌握了一个专业再学习另一个专业。已经毕业工作的同志，当然不一定都要回到学校读书，可以在工作岗位上自学。现在已经有自修大学考试制度，经考试通过，承认你的文化程度和专业知识就是了。当然，学习不能操之过急，要一步步来。而且，这种要求主要是对一部分年轻同志和中年同志提的，是从培养和提高研究工作者的学术水平和解决问题能力的角度提的。有些同志年龄大了，又有较高水平的专业知识，那主要是把自己的专业知识充分发挥出来的问题。

我认为社会科学工作者学点儿自然科学和技术科学知识，并不难。在座的有些同志就有这种特长。但一定要下功夫学，才能学得到。

最后我还想补充两点意见：一是社会科学工作者在学习自然科学的同时，要学习自然科学工作者的治学方法。一般来说，自然科学家对宏观现象和微观现象的观察是相当细密精深的，这一点很值得我们社会科学工作者学习。为了更好地研究和解决新问题，我们要进一步树立密切联系实际，深入调查研究，实事求是的学风。这是我们应抓的一件大事。二是搞社会科学工作的同志应努力学习外语。这方面自然科学家比我们做得好。学习外语是学习新知识的有力工具。马克思和恩格斯都懂得多种语言。马克思晚年，为研究俄国革命的问题，还学会俄语。这种精神很值得我们学习。

刊办管理大学[*]

——一种培训在职干部的新型办学形式

　　《经济管理》杂志，与有关大专院校、科研单位、厂矿企业以及经济领导单位协同努力，创建刊办大学，正规化地培训在职干部，这是一件很有意义的创举。

　　党的十二大制定了我国社会主义现代化建设的宏伟纲领，全国各族人民在党的领导下，正在为实现这一宏伟纲领而奋斗。实现四个现代化离不开管理。胡耀邦同志在党的十二大的报告中指出："必须加强经济科学和管理科学的研究和应用，不断提高国民经济的计划、管理水平和企业事业的经营管理水平。"这是一个重大的战略任务。

　　目前我国经济水平还不高，企业的经济效益较差，除了生产技术落后是一个重要原因之外，一个关键的问题是经营管理工作的水平低。在同等的生产技术条件下，如果善于经营、善于管理，经济效益是很不一样的。因此，世界上经济比较发达的国家都把提高科学技术和改进经营管理看成是推动经济发展的不可缺少的两个车轮。目前，我国由于经济比较落后，国力

　　* 本文原载《经济管理》1983 年第 7 期。

也有限，从物质上改变生产技术的面貌，需要一定的资金，需要一个较长的时期，因此，通过提高经营管理水平来提高社会经济效益，就有更现实、更迫切的意义。

要提高经营管理水平，首先必须有一支具有管理科学知识的干部队伍。拿全民所有制工业企业来说，目前全国职工人数有3500多万人，其中担任各项管理工作的干部约350多万人。多年来，由于"左"的错误影响，管理人才的培养没有受到应有的重视，现在担任管理工作的干部，受过系统的管理科学教育的是极少数。他们有的是从生产第一线有经验的职工中提拔上来的，有的是从其他部门转业的，有的虽然受过普通大专院校的教育，但却没有受过管理的专业教育，还有少数同志虽然受过理工科的高等教育，但是也缺乏管理科学的系统知识。这些干部的绝大多数，工作是积极努力的，在实际的管理工作中，也积累了不少可贵的经验，但由于缺少系统学习管理科学知识的机会，要全面提高企业的经营管理水平，实现企业管理现代化，大大提高经济效益，不得不受到很大的限制。要从根本上改变这种状况，一方面需要大力发展管理教育事业，力争逐步使今后新增的管理干部都受过系统的管理教育；另一方面，也是更为现实、更为急迫的方面，是有计划地培训和提高现有的在职干部的水平。胡耀邦同志在党的十二大的报告中指出：为了造就社会主义现代化建设的大批专门人才，必须大力加强干部的教育和训练工作。今后使用和提拔干部必须把学历、学习成绩同工作经历、工作成绩一样作为重要依据。并要求各种学校按照需要和各自的分工，修订教学计划，担负起对干部进行正规化培训的任务。

采取正规化的办法有计划地培训现有的在职干部，是我国教育事业的一项十分重大而又艰巨的任务。实现这一任务，需要对教育体制进行必要的改革，广泛动员教育部门和社会各方面的力量，在保证教学质量的前提下，采取各种形式办学。《经济管理》杂志创办刊授联合大学，就是适应这种客观形势的需要，响应党的号召而出现的一种新型的办学形式。

这所刊办管理大学之所以叫作联合大学，是因为它是由许多高等院校、经济研究单位、各地经委以及部分大型工业公司的教育部门联合举办的。经过将近一年的酝酿筹备，现在，开始试办第一个专业——工业企业管理专业学科。这个专业学科的设置，是以工业企业中层以上在职干部为培养对象，认真分析了这些干部在实际工作中需要掌握的管理知识，制订了比较切合实际的教育计划和各门课程的教学内容，组织了一批优秀的学者、专家参加教材的编写，采取注册学员与非注册学员两种方式，为广大企业干部提供了系统学习管理知识的有利条件。

采取刊授形式培训在职干部，是一个新兴办学形式的尝试。它的成效如何，当然还有待于实践来证明。但根据筹备工作和有关方面的反映来看，完全有理由相信这将是一种能够适应在职干部，特别是中层以上的领导干部学习特点的多快好省的办学形式。

创建刊办大学的消息传出以后，受到广大企业干部的热烈欢迎。为什么会受到欢迎？这是同刊办大学所具有的一些特点有关的，这些特点是：

1. 刊办大学以自学为主，自学的时间可以由学员自行灵活掌握，这对于工作繁忙、无法完全由自己支配时间的领导干部来说，是一个很有利的条件。

2. 刊办大学的课程，是根据干部实际需要而设置的。不但课程设置与教材内容强调联系实际，而且在教学方法上也强调理论联系实际。例如，每门课程结束，要求搞课程设计，把学到的知识运用到改进本企业的有关工作中去；全部课程学完，还要求做出毕业设计，对改进本企业本单位的经营管理工作提出系统的建议，做到学以致用。

3. 刊办大学的教材既有正文，又有大量辅导材料，由《经济管理》杂志分期发表。有实践经验又有理解能力的领导干部，有了这些学习材料，是完全可以靠自学而学到应有的知识。注册学员每周还有一次面授辅导的机会，更有条件达到学习的要求。

把以上特点概括起来，就是便于自学，理论与实践相结合，学以致用，因此，它特别适合在职干部的要求。

刊办大学采取注册学员与非注册学员两种教学形式。注册学员由批准设立的分校正式招考，按招考的标准，经过严格考试，录取入学后，可以听辅导报告，要按规定完成各项作业，要进行分科的结业考试和全部课程结束后的毕业考试。这些学员完成学业后必须达到大专毕业的水平。目前限于力量，分校不可能在各地普遍设立，注册学员的人数也不可能一下子招收很多。但是，这并不妨碍有志进修的广大在职干部利用刊物发表的教材与辅导材料进行自学；也不妨碍有关机关和工矿企业利用这些便于自学的教材，自行举办培训班。因此，刊办大学这种办学形式既有重点培养对象，又能起普及管理教育的作用。它不要国家的投资建设校舍，也不要另行聘请师资，而仅仅利用现有的大专院校、经济研究单位或厂矿企业的有关设施，动员一部分教师和专家、学者的力量，三年以后，每年就可以为国家培训出数以万计的在职干部。这难道不是一种多快好省的培训干部的好办法吗？

陈云同志曾指出："刊授大学，前途远大。"《经济管理》杂志刊办大学为企业在职干部正规化培训，为发展我国的成人教育开辟了一条新路。我相信，这朵教育战线上的新花，在教育部门和有关领导机关的支持和关怀下，在各大专院校的领导同志、教师和其他专家、学者的努力下，依靠广大参加学习的在职干部充分发挥学习的积极性和主动性，坚持理论联系实际、学用结合的方针，必将以优异的教学成果，证明它具有强大的生命力，为普及管理教育，提高我国经济管理水平而作出应有贡献。

在刊办大学工业企业管理专科即将开学之际，让我向刊办大学的全体教师、学员和工作人员表示热忱的祝贺和敬意！祝愿这一试验取得成功！

抓住机会　迎接挑战[*]

今天召开这个会议，是邀请大家来一起研究国务院领导同志提出的"世界新的技术革命"和我们国家的对策这样一个问题。我们要研究出一个最佳方案，务必要拿出一个成果来，使我们国家在"世界新的技术革命"来临的时候，能够措施得当，获得一个良好发展的机会。这个任务是很繁重的，今天请大家来献计献策。当然，要拿出一个好的成果来，不仅仅限于今天到会的同志，还要组织和发动更多的同志参与这一工作。但是，最重要的还是要依靠在座的同志们。

"世界新的技术革命"对我国社会主义四个现代化建设来说，既是一个机会，又是一个挑战。我们怎样抓紧时机，迎接挑战；怎样根据我国的国情，利用国内外的有利条件，避免不利因素的影响，发挥我们自己的优势，克服我们自己的弱点，采取一系列的适当对策，特别是采取正确的经济发展的战略和技术政策，以实现党的十二大提出的宏伟战略目标，是必须要解决的问题，也是摆在我们面前的一个光荣而艰巨的任务。

---

　　* 本文是笔者 1983 年 11 月 5 日，在"世界新的技术革命与我国的对策研究动员会"上的讲话。

一　对所谓新的技术革命的看法

目前，世界上出现了谈论所谓新的技术革命的热潮。关于这个方面，有各种各样的说法，有的叫"第四次工业革命""第四次产业革命""第四次技术革命"，也有的叫"第三次技术革命""第三次浪潮"，还有的叫"向科技社会迈进""向信息社会过渡"，等等。虽说法不一，动机和目的各异，但其提到的一个共同特征是微电子技术、遗传工程、光导纤维、激光、新型材料、新的能源、海洋开发等新技术的广泛应用。这些情况，预示并已开始引起传统的生产方法和产业结构以及社会生活等方面的变化。

面对这种形势，资本主义世界的经济学家、社会学家、未来学家鼓吹美国社会出现了从工业社会转向信息社会，从集中转向分散，从国家经济转向世界经济等十大趋势；认为人类在经历了农业革命、工业革命两次文明的浪潮之后，现在依靠全新的技术、开发新的能源和新的材料的"第三次浪潮"，将冲击旧的生产方式和社会传统；还认为信息社会就是知识、智力社会，就是大量生产知识，并且"知识的生产力已成为决定生产力、竞争力、经济成就的关键因素"。

那么，用马克思主义的观点，怎样看待这些问题呢？

资产阶级学者鼓吹上述观点，有其政治上的原因。因为现在资本主义危机重重，他们企图找到一个药方来鼓舞人心，摆脱困境，幻想出现一个"奇妙的新时代"，妄图使资本主义永世长存。从根本上说，这些观点同马克思主义的基本原理是相违背的，其中有的就是以反对共产主义为目的而提出的。对此我们必须有一个清醒的认识，这是一方面，但是，从另一个角度看，却给我们提供了这样一种信息：在本世纪末下世纪初，现在已经和将要突破的新技术，运用于生产，将带来社会生产力的新的发展，相应地会带来社会生活的新的变化。这个动向，值得我们重视，需要认真加以研究，并且应当根据我国的实际情况，制定相应的政策。

从目前的实际情况来看，世界上确实出现了一些新兴的产业，出现了新的技术革命。它的发展，将对国民经济结构产生深刻的影响，使原有的一些产业部门衰落和使一些新兴的产业部门形成和发展起来，而且正在以更完善的技术结构向前迈进。我们对此是万万不能闭目塞听的。因为这些新的情况、新的变化，不能不影响我们国家，不能不影响我国的社会主义现代化建设。如果我们时机利用得好，抓紧应用新的科技成果，发展我们的经济，发展我们的技术，就可以使我们同发达国家在经济技术方面的差距缩小；相反地，如果我们漠然视之，坐失良机，就会使我们同世界先进水平的差距扩大。这是一个具有战略意义的大问题。我们一定要十分重视，认真地加以研究，提出相应的对策。

在这方面，现在值得注意的一种情况是：有些同志对世界上最新的科学知识、最新的先进技术、最近的科技动向，反应迟钝，没有每年、每月、每周询问、打听、跟踪的热情。这种状况，必须迅速改变。

二　抓住机会,迎接挑战

面对世界新的技术革命所引起的某些新的产业的兴起和发

展，我们可能有几种不同的态度：一是认为那些新兴的技术离我们很遥远，因而漠不关心，不闻不问，闭目塞听，不了解也不想了解这方面的情况；二是觉得我们基础很差，无法与发达国家相比，望尘莫及，自暴自弃；三是急于追赶，恨不得一下子就采用所有最新的技术，不顾国情，脱离实际，欲速不达；四是正视现实，注视新的发展动向，知己知彼，找寻机会，加以利用，发展自己。我认为最后一种才是我们应该采取的马克思主义的态度，这个态度简明地说，就是：抓住机会，迎接挑战。

怎样抓住机会，迎接挑战呢？

抓住机遇，迎接挑战要从我国的实际情况出发，从我们的国情出发。什么是我国的基本国情呢？中国有一句老话，叫做"千里之行，始于足下"。我们这个足下是个什么状况呢？也就是说我们的起跑点在何处呢？这个问题是需要我们很好地考虑的。

大家知道，我国现在既不是处在自然经济的农业社会阶段，也没有进入高度工业化社会阶段，我们正在进行社会主义现代化建设，我们还是一个发展中的社会主义国家，我们的经济、技术还很落后，生产力水平还很低。我们面临着世界新的产业发展带来的严峻挑战。

在这种情况下，我们能否抓住机会，迎接挑战，有没有希望获得成功呢？

历史的发展告诉我们：人类社会、科学技术、产业经济和生产力的发展，总是不平衡的。先进未必总是先进，落后也未必总是落后；先进变成落后，落后变成先进，后来者居上，古今中外都有。这可以说是社会经济发展的一个规律。

在资本主义国家实现工业化的漫长过程中，在开始阶段领先的国家，未必就能在后来阶段领先。英国在产业革命中曾是处于领先地位的，但是在以后的发展中却落后了。美国、德国超过了英国。近些年来，日本又在某些方面，超过了美国。现在，英国和西欧一些国家在信息技术、电信工业和生物工程等新兴的尖端技术领域中，一般都落后于美国和日本，处于被动局面。原来比较落后的国家，如果实行了恰当的经济发展战略和产业政策，则可能在后来发展中处于领先地位。日本就是一个例子。这足以说明，原来落后的不一定总是落后。我国现在虽然还比较落后，决不意味着永远落后。

经济、技术目前都处在比较落后阶段的我国，在新的产业不断涌现、给我们提供了可资利用的机会的情况下，如果我们能够及时抓住这个机会，并且利用得好，就可以加快我们的发展，使我们在经济、技术方面同发达国家、世界先进水平的差距缩小，也可能以较快的速度赶上或超过发达国家的水平。比如，我们现在就可以在某些经济部门，同时采用世界新的工业发展的成果，在较先进的部门尤其要注意吸收这些成果。当然，我们要实事求是地对待我国的经济建设，不能违背历史发展的规律，不能任意超越那些必须经过的发展阶段；但也不能亦步亦趋，一切都照人家走过的路从头做起。我们在一些领域里，有可能不经过某些传统工业技术，直接采用比较先进的科技成果，如微处理机、遗传工程、激光、光导纤维等新技术。我们的目标是使我国经济，特别是工农业的生产技术水平，在本世纪末达到世界先进工业国70年代、80年代初的水平，这是一般地说的。但是，为了做到这一点，就必须使某些部门和某些产品的技术和工艺达到当时（本世纪末）世界的最先进水平。这一点应是我们努力的方向。

现在我们实行对外开放的政策，能够引进技术，能够引进人才，这也给我们采用世界的先进技术，提供了比以往更多的机会，提供了比以往更为有利的条件。

世界新的工业的发展也向我们提供了另外一种机会，这就是，在西方经济长期处于"滞胀"状态，钢铁、纺织、造船、汽车等传统工业先后处于"夕阳西下"的衰落的情况下，各发达国家，包括一些新兴的半工业化国家和地区，都争先在发展新技术、建立新工业中找出路，把主要精力集中到搞最新的技术和产品上去，而使大量传统的工业技术闲置起来。但是，其中有一些传统的工业产品并不是不需要了，它不仅对于我国，而且对于发达国家和发展中国家，都还是需要的，少不了的。那我们就要趁人家不搞或者少搞的时候，把它们搞得更好，增加品种，提高质量，降低成本，既满足国内需要，又争取占领世界市场。我们也应该很好地利用这个机会，增加我们的有利因素。

同时，新的技术的兴起、新的工业的发展，发展中国家现在所具有的某些优势，如劳动力比较多，也比较便宜，初级资源比较丰富，等等，将会有不同程度的减弱。因为发达国家采用了微处理机等新技术，就会在劳动密集型工业中用新的机器来代替，过去由于这些新技术没有采用，它是将劳动密集的东西转移到发展中国家去了。今后，采用了新技术，它自己国内就可解决一部分这样的问题了。另外，由于采用了新技术，资源的利用就会更合理化，就可以再生利用了。所以，它在资源方面对发展中国家的依赖程度，也要发生一些变化了。现在，我们在这些方面，是占有一定的优势的。但是，如果我们面对这一严重挑战，不抓紧时机，采取相应的措施，当我们的某些优势减弱以后，就会遇到更多的困难，甚至会更加落后，离世界先进水平更远。

因此，我们能否在目前现代化建设的前期阶段，适应新的产业发展的潮流，根据可能的条件，尽量吸收先进的科技成果，加快我们经济社会的健康发展，关键是要尽早制定适应新的工业发展的战略，确定正确的工业政策，包括主要对策和相关对策。

这里首要的问题是选择正确的发展生产力的道路。这方面，根据历史经验和现实的情况，可以考虑这么几种选择：

1. "照抄"战略。人家怎么走，我们就怎么走，不管是苏联东欧国家走过的路，还是西方国家走过的路，照着走就是，照抄它们的发展战略。也就是像西方所说的在完成所谓"第三次工业革命"后，再开始所谓"第四次工业革命"，或者说，先经过传统工业的发展阶段，再进到新兴工业的发展阶段。

2. "赶超"战略。这也是我们曾经采用过的。就是要在比较短的时间内在一切方面赶上或超过发达国家的水平。甚至提出：人家有的我们要有，人家没有的我们也要有。

3. "封闭"战略。企求一切都立足于国内"自力更生"的战略，不积极采用甚至排斥国外先进技术的利用。这种战略我们也采用过。

4. 第四种叫什么战略，还可以考虑，是不是可以叫"创新"战略，既不走发达国家所走过的路子，也不是在一切方面都"迎头赶上"或者一切都"自力更生"。即既不是"照抄"战略，不是"赶超"战略，也不是"封闭"战略，而是"创新"战略。就是根据我国国情，充分利用现在的有利时机和一切可能的条件，直接采用世界上各种新的、我们有条件采用的所谓世界新的工业发展的成果。也就是说，在我们目前条件下，根据可能，采用国外新的工业发展所产生的而又适合于我们需要的新技术。这一种选择是否恰当，就是需要我们研究的问题。

在选择我们的发展战略的时候，根据我国国情，需要考虑下述这样一些重要的问题：

1. 要考虑我国有 10 亿人口，占世界总人口的将近 1/4，其中 8 亿又是农民。要使 10 亿人各得其所，充分发挥其积极性、创造性，这样才能使 10 亿人民为国家、为社会创造更多的财富，而不再是一个社会的重负。这样，才能保持我们的经济繁荣和社会安定。所以，既要发展劳动密集的工业，也要发展知识密集的工业，创造出具有我国独特风格的，有竞争力的产品。

2. 要考虑我国中小型企业多和大量企业分散在农村这样一个特点。我国现有工业、交通企业 40 万个。这还不包括农村的企业，加上农村的企业，就是 100 多万个了。所以，要发展有利于分散、普及的技术，即有利于中小企业、中小城镇、农村副业、农村的重点户、农村的专业户、以家庭为单位经营的农户能够采用的那种技术。这个事情是要很好地考虑的。我们不能走资本主义的那种道路，即把 10 亿人口中的 5 亿或多少亿城市化。我们要在农村中发展工业，把工业和农业结合起来，发展如恩格斯所说的兼有城乡优点的村镇，使农村城镇化。我们要走这样一条道路。

3. 要选择对实现党的十二大确定的战略目标最有效的部门和产业优先发展，要重点发展经济效益高、国家又急需的技术。因为经济效益高，才能解决我们发展新技术中资金不足的困难。我们要依靠发展新技术来积累，再来发展新技术，也就是自己养自己，以发展新技术来养发展新技术，不要国家很多投资。当然，国家是要投资的，但是完全靠国家投资也是不行的。

4. 要从国民经济现有条件出发，要能与现有的生产力和将要发展的生产力相适应。因为新技术的采用，如果脱离了现有的生产力的可能性那是不行的。当然也不能停留在现有的生产力上，我们将要发展的生产力，也要考虑到。

5. 要重视合理利用资源、节约能源、高度节省资金的技术。我们这个国家讲起来地大物博，总量讲起来是不少的。但按人口平均，我们的资源并不丰富，大多低于世界人均水平。所以，我们对资源，包括能源在内，更要很好地使用、爱惜，绝对不能浪费。

6. 面对世界工业新发展的前景，要着眼于向知识、向技术、向管理、向信息要经济效益，并加强人才培养、智力开发和提高全民族的文化、科学水平。

7. 要对在我国有一定科研基础的新兴技术，组织一条龙的技术攻关，尽快拿下对国民经济最有意义的世界若干新的工业发展的新技术。

8. 面对世界工业新发展的前景，我们要研究适应新形势的对外贸易战略，尽早规划和研制有竞争力的外贸出口商品，为国家筹集更多的资金，来发展新的技术。

世界工业新发展的成果中，有不少适合我们采用，而且经过努力可以掌握的技术，如我国有相当研究成果的遗传工程就是一例。大家都知道，大豆、花生等豆科作物，由于有根瘤菌固氮，少施化肥也能得到好收成。据不完全统计，全世界每年通过生物大约固定 17500 万吨氮，相当于全世界氮肥工业总产量的 2—3 倍。而我国大量种植的水稻、小麦、玉米等禾谷类粮食作物，根部没有根瘤菌和它共生，要想获得高产，必须施用大量氮肥。随着遗传工程技术的进展，目前有人正在研究把固氮微生物的固氮基因转移到小麦、水稻、玉米等禾谷类作物根际生长的细菌中去，使它获得固氮的功能，为这些作物提供氮肥；还有人正在研究把固氮基因直接转移到作物单细胞的基因组中，从而获得自身能够固氮的农作物新品种。最近国家科委邀请的美国前总统环境顾问巴尼博士讲，国外现在正通过重组遗传基因在玉米细胞核中增加染色体的办法，使 1 年生玉米变成多年生玉米的研究，再有 5 年左右时间，即可获得成功。

因此，遗传工程这项新技术，若能实际应用，对于发展农业、节约能源和保持水土、改善环境的事业，都具有重大的现实意义。所以，我们不能把这些事情看成是距我们很遥远的。就像我国的杂交水稻研制成功并推广以后，获得大面积高产一样，这些事情真正成功以后，也是可以大量推广的。

当然，我们也要看到遗传工程的复杂性和它也可能制造出有害于人类的生物体的可能性。这一点，我们也要加以研究，不要发生这方面的问题。

我们迎接挑战是存在许多困难的，比如，我们的经济基础薄弱，生产技术较之国外先进水平落后几十年，人民的科学文化水平也比较低，在进行新的产业和技术的开发中，还会受到资金、物资、技术的不足，以及管理体制上的缺陷等制约。然而主要困难还是我们一大批经济管理、技术干部缺乏现代化的科学技术知识，有些同志又缺乏这方面的进取精神。但是，我们也有许多有利条件。

在经济技术方面，经过新中国成立 30 多年来全国人民的努力，我国已经建立起比较完整的工业体系和国民经济体系，科技队伍和生产技术都有了一定的基础。比如，在电子计算机、光纤通信、激光技术、遗传工程、新型材料、新的能源等领域，我们也并不都是空白，而且有了一定的研究和应用。这些，都是我们在某些部门采用新的工业发展所产生的新技术成果的有利条件。

这里，我们还必须看到一个更重要的条件，也是个根本的条件，就是我们有优越的社会主义制度，有党的坚强领导和十一届三中全会以来的正确的方针、路线。我们能够最大限度地把全国人民的积极性和全国的物质、技术、财力充分调动组织起来，办成许多资本主义国家在比较短的时间内无法办到的大事情。

总之，我们要以积极的姿态，来迎接新的挑战；我们要抓紧时机，利用一切有利的机会，加快发展，加快我国的社会主义现代化建设。机不可失，时不再来。否则，我们将会坐失良机，更加落后。

历史上，失掉机会，导致落后的例子是很多的。

现在，世界工业的发展已经出现了新的苗头。新的机会已经来到我们面前。这一次，我们可千万不能再把机会失掉了！

我们伟大的中华民族，是勤劳勇敢智慧的民族，是有志气有能力立于世界民族之林的民族。我们有伟大的中国共产党的领导，有马克思列宁主义、毛泽东思想的理论指导，并且确立了建设有中国特色的社会主义现代化强国的方针和路线，全国人民都在一心一意用实际行动搞经济建设，所以我们完全有可能在世界新的工业发展的潮流中，抓住机会，迎接挑战，发展自己，早日实现党的十二大制定的我国长远发展的宏伟战略目标。

三　研究这项工作的几个问题

我们今后怎样做好这项工作？我这里只提出几个题目来，请同志们考虑。

第一个是关于建立合理的产业结构和三种类型的产业并存的问题。

目前在我国劳动密集、资金密集和知识技术密集三种类型的产业都有，但比例处于十分落后的状态。如何改变这种落后状态，是不能一蹴而就的。我们应当从我国的实际情况出发，以发达国家产业结构为借鉴，根据我国发展的需要，有步骤地改造现有的三种密集型产业结构，建立合理的结构。这是需要我们研究的一个问题。同时应当看到，中国的经济发展是不平衡的，三种密集型产业结构，这个地区、那个地区，这个城市、那个城市，也不一样。这是非常复杂的问题。这个问题究竟怎么解决好，需要我们进行认真的研究。

第二个是关于我国的技术结构的问题。

同上述产业结构相联系，必须研究技术结构问题。我国的技术情况，到本世纪末，至少有这么五种：（1）一般来说，我们的技术到本世纪末应该达到发达国家 70 年代或 80 年代初的先进水平。（2）有一些领域，需要接近或达到经济发达国家本世纪末当时的先进水平。例如电子产品、纺织产品（如果我们要参加世界竞争，不达到那个水平也不行），还有一些新型合成材料等，是否可以达到这种要求？（3）经济发达国家有些五六十年代或更早就普及了的技术，现在还在沿用，以后也还要沿用的，这些技术我国是很需要的，也应有所发展。（4）有一些方面，我们创造了具有中国特色的新技术。（5）有一些新的尖端技术将进入世界先进行列。总之，我们的技术，有先进的，也有很先进的，也有中间的，也有落后的。现在大体是个宝塔式，尖端的真是像塔的尖端，比较先进的是少数，比较多的是中间技术，手工劳动占着极大的比例，所以，还是金字塔的形式。这个形式当然是要改变的，不能老是这样。但是，改变是个长期的过程。这个方面，人们也有很多设想，我们要把这个问题研究清楚。

再一个问题是微型电子计算机的应用与中小企业的技术改造，包括中小城镇的、农村的企业的技术改造，这些事情要进行深入的研究。

还有信息问题、人才培养问题，这些都要进行研究。

研究世界新的技术革命与我国的对策，这个课题具有三个明显的特点：一是技术新。这是说，标志新的工业发展的那些技术，都是最新的技术，是当前世界上知识和技术的精华，所以，我们一定要吸收一些懂得这些技术的同志参与这项研究工作。二是涉的学科多。这是说，标志新工业发展所产生的技术，包括微电子技术、激光技术、光纤通信技术、遗传工程技术、新型材料技术、新的能源技术，等等，学科是很多的。我们应该把有关学科的同志都组织起来，进行这项研究。三是综合性的研究。这是说，上述各种新技术的研究与应用，都不是哪一个部门能承担得了的，都需要许多相关的部门共同努力，协同作战，才能取得预期的成果。因此，我们的研究工作，除了要坚持理论联系实际以外，还要强调这一学科的专家与那一学科的专家的结合，需要自然科学家、工程技术专家和社会科学家密切合作；要求理论工作者和实际工作者密切结合，协同作战；要求专家与群众结合，各方面专家与广大群众紧密合作，让大家都来为完成这个光荣而艰巨的任务献计献策。

我们这个国家过去有很多事情都是按部门、按地区来布置、来进行的。而这一次我们的研究工作是要跨部门、跨学科进行，是要采取横向的网状结构的形式来组织。参加我们这个研究工作的有计委、经委、科委，有中央的各个部门、各个研究单位，还有中国科学院、中国社会科学院，还有许多研究所，各个方面的专家。我们这一次不是以哪一个部门、哪一个专业为对象，而是以宏观的国民经济为对象。最后提出的对策，也是综合性、总体性的。当然，这些对策中要涉及发展某一个部门、某一个产业，但不是从某个部门的需要、某个产业的角度考虑的，而是从宏观的角度考虑的，是从整个发展的需要考虑的，是从国家的全局的需要考虑的。这个办法，实际上也是我们国家体制改革的一个重要的问题。这就是，要让广大的科学家、工程技术工作人员，都能参加决策的过程。我们要提出对策，要一边进行讨论研究分析，一边提出方案建议，务必拿出成果来，提出最佳的方案。要提出一个最佳的发展方案来，这就不仅要求各个方面、各个部门、各个单位的行政负责人来决策，而且要发动广大的科研人员、技术人员、其他有关人员和实际工作者，一起来参加决策过程，提出建议来，最后由中央、国务院决策。这个过程，就是决策过程的民主化，这种决策过程的民主化，是我们决策的科学化、决策正确的一个重要前提。它是能真正集思广益的。我们希望经过这一次的实践，能使我们在这方面探索出一些经验来。

对于国务院交办的这项研究任务，我谈了上述一些不成熟的意见，供同志们参考。这项工作，不是一项单纯的学术研究，它是和我们实现党的十二大确定的宏伟目标密切相关的，我们一定要努力完成。希望同志们支持这一工作，参加这一工作，还要发动自己单位、自己周围的同志，也都积极关心、参与这一工作。我相信，在大家的共同努力之下，一定能把国务院交给我们的这个光荣的研究任务完成好。

开创系统工程研究的新局面[*]

中国系统工程学会成立以来，在各方面做了大量的工作，对推动这门边缘学科在我国的发展，起到促进作用。党的十二大提出了我国长远发展的战略目标，提出了要全面开创社会主义建设的新局面。当前，我国的社会主义建设事业正在沿着党的十二大所确定的目标，蓬勃地发展。在这样的新形势下，对我们的系统工程学会及系统工程工作者，提出了新的和更高的要求。我们应该怎样开展研究工作的新局面呢？下面我准备就三个方面谈一些个人不成熟的看法，供同志们参考。

一 紧密联系社会主义现代化建设的实际，开展系统工程的研究工作

要实现我国的社会主义现代化，有许多课题需要研究。由于内容广泛和复杂，需要多学科、多方面的合作研究。参加这个合作的，既有自然科学工作者，也有社会科学工作者；既有

---

[*] 本文是笔者 1983 年 11 月 21 日在"中国系统工程学会第三届年会"上的书面发言，原载《系统工程》（季刊）1984 年第 1 期。

实际工作者，也有理论工作者。让我们大家一起来研究如何更好地实现党的十二大提出的我国新的历史时期的总任务和发展的总目标。这个总任务和总目标就是建设具有中国特色的社会主义现代化强国。目标是由一个复杂庞大的目标体系构成的。总目标是整个目标体系的高度概括。目标体系包括经济、社会、科技、文化、环境等多种子目标体系，下面还有次一级的目标系统，形成一个多层次的结构。这是个很典型的系统工程课题。

为了实现这个总目标，怎样才能在不断提高经济效益的前提下，力争使全国工农业的年总产值翻两番。如何正确处理速度和经济效益的关系、宏观效益和微观效益的关系，也需要用系统工程的方法进行系统研究和综合分析工作。

怎样实现力争本世纪末把人口控制在 12 亿之内的目标，怎样培养、使用人才和提高人的素质。这是个人口战略问题，也是个综合性很强的问题，要与社会、经济、就业、劳动工资、人才培养等问题综合考虑，也是个跨部门、跨学科的大系统。

经济、社会、科技协调发展问题。经济、社会、科技的协调发展是一个规律。任何国家如果违反这个规律，不仅不能获得全面的、健康的发展，而且会出现许多严重问题。资本主义社会的经济危机，政治、社会的动乱，以及精神、文化的颓废等，就充分地说明了这个问题。怎样做到经济、社会、科技的协调发展，也是一个重要的系统工程课题。

类似的课题还很多，以上举例也足以说明系统工程所面临任务的重要性和紧迫性。

系统工程可帮助我们总结过去，立足现在，面向未来。

二 建立中国式社会主义的系统工程学

我理解的系统工程学包括系统工程学的基本理论及其实际应用的各个方面。我曾听到过很多同志谈起和看到一些文章介绍系统工程的内容特点，了解到它是一门边缘的新兴学科，以及它应用的广泛性，考虑问题的整体性、综合性以及它的一整套方法的科学性，等等，给我以启迪。总之，以前我听到的都是关于国外系统工程优点和有用性的介绍。前些日子，在和一些同志研究发展战略问题时，提到关于系统范围的确定，谈到这涉及是用唯物的观点还是唯心的观点来分析系统的要素；也有因对系统的分析不客观而不成功的例子。所以我想，系统工程在国外发展的40多年的历史中，有各种理论、各种学说与各种流派，免不了受些资产阶级唯心主义的影响，这是不足为奇的。特别是国外系统工程从技术工程领域进入经济、社会等领域之后，那些在资产阶级经济理论、资产阶级社会学理论指导下的系统工程的理论和方法，更需要我们进行分析，取其精华，去其糟粕。

在马克思主义的指导下，系统工程作为一门科学在我国必然会得到很大的发展。而且在我们的实际应用过程中一定会逐步形成中国式的社会主义的系统工程学。

我们用什么思想、什么世界观认识世界，对我们改造世界的成败有决定的影响。客观世界是十分复杂的，无论是自然界或者社会，客观上是由一个完整的系统组成的，人们是否能如实地认识它，这同指导人们的思想理论基础有关。如果用唯心主义或者机械唯物论去观察事物，用这种思想指导系统工程，那就不可避免地会犯主观、片面的错误。而用马克思主义的辩证唯物主义作指导则可以帮助我们正确地认识事物，避免犯主观和片面的错误。因此，在马克思主义理论的指导下，系统工程才有可能得到很好的发展。像我国这样一个人口众多、经济比较落后的大国建设社会主义，是一个人类历史上从来没有过的伟大实践。它必然带有许多特色。我们在社会主义建设实践中，在马克思主义指导下，建设具有中国特色的社会主义系统工程学是所有从事这门学科的同志们的光荣任务。

三　要制定系统工程的研究与应用规划

从我国社会主义现代化的需要来看，系统工程的课题是非常多的，如何选择和安排课题，确定次序、层次和分析课题相互关系是很重要的。因此，用系统工程的方法来制定系统工程学科的研究与应用规划，并与国家的发展需要协调，这本身就是首先要考虑的系统工程课题。

要做好规划，需要总结一下我国系统工程的研究与应用工作，确定发展目标，选择重点骨干课题，把全国的系统工程力量调动起来，并做好推广普及工作。

我相信，在党的十二大正确路线的指引下，经过同志们的努力，一定会开创系统工程研究与应用的新局面。

必须尽快使干部知识化*

    我国人民经过长期英勇奋斗，正在面向着光辉灿烂的前景。最近召开的党的十二大提出，党在新的历史时期的总任务是：团结全国各族人民，自力更生，艰苦奋斗，逐步实现工业、农业、国防和科学技术现代化，把我国建设成为高度文明、高度民主的社会主义国家。

    要实现这个伟大的历史任务，关键在于全国人民在中国共产党的领导下自觉地积极奋斗。这就必须努力提高广大人民，特别是广大干部的思想政治水平和文化技术水平。正如党的十一届六中全会《关于建国以来党的若干历史问题的决议》中所指出的：要在全党大大加强对马克思主义理论的研究，对中外历史和现状的研究，对各门社会科学和自然科学的研究。要加强和改善思想政治工作，用马克思主义世界观和共产主义道德教育人民和青年。

    在对广大人民进行教育的同时，要特别强调对广大干部的教育，因为人民要依靠干部去教育、团结和引导，而教育者首

---

* 本文是笔者1984年5月为中南五省（区）协作出版的《哲学社会科学基础知识丛书》写的序言。

先需要受教育。因此，党中央把加强干部轮训教育，提高干部队伍素质提到了极为重要的地位，要求立即着手教育、训练干部，并把这个工作经常化、制度化、正规化，使干部能较快、较好地掌握马克思主义的理论武器和现代科学技术的知识，以便逐步实现干部队伍的革命化、年轻化、知识化、专业化，促使我们更好地实现我国人民的根本任务。同时，由于这个根本任务的实现需要长期的持续的努力，所以我们不但要对今天的干部加强教育，而且要对明天的干部——广大青年加强教育，提高他们的思想政治水平和文化技术水平，使他们能更好地继承我们伟大的革命事业。

广大干部和青年都要加强学习，要学习马克思主义理论，学习哲学社会科学和自然科学。马克思主义理论是我们的指导思想，是我们的事业取得胜利的根本保证。通过学习马克思主义理论，提高共产主义思想觉悟，坚持社会主义方向，抵制各种非无产阶级思想的侵蚀，自觉地贯彻执行党的路线、方针、政策，以提高分析新情况、解决新问题的能力，提高认识和改造客观世界的能力。

马克思主义之所以能够起这种作用，是由于本身就是体系严密、内容丰富的科学。马克思主义的三个组成部分——马克思主义哲学、政治经济学和科学社会主义，是人类思想的宝库。马克思主义在其产生和发展的过程中广泛地吸收了人类先进思想的各种成果，可以说是集人类智慧之大成。马克思主义的三个来源——德国的古典哲学、英国的古典经济学和法国的空想社会主义就是当时哲学社会科学最杰出成就的汇集。马克思和恩格斯还吸收了当时自然科学方面的杰出成就。可以说，如果没有马克思主义创始人站在无产阶级立场上批判地吸收了当时哲学社会科学和自然科学的各种成果，就没有马克思主义。因此，马克思主义是人类智慧的结晶。在马克思和恩格斯创立了马克思主义以后，列宁、毛泽东和其他伟大的马克思主义者，都批判地吸收了他们各自时代的哲学社会科学和自然科学的成果，从而推动了马克思主义进一步向前发展。目前，广大干部和青年在新的历史条件下学习马克思主义理论，要了解新情况，解决新问题，并推动马克思主义继续向前发展，就必须在加强实践的同时，批判地吸收当代的哲学社会科学和自然科学的各种成果。

广大干部和青年，不论是从事什么工作或学习什么专业的，都要学习马克思主义理论，学习一些哲学社会科学的基础知识和自然科学的基础知识，并尽可能地把这两方面基础知识的学习结合起来。为什么要这样做呢？我认为至少有两方面的必要。

第一，随着社会的发展和科学技术的进步，各门学科之间的联系和渗透日益加强。目前，不但自然科学内部和社会科学内部各门学科相互渗透，产生了许多边缘学科，而且自然科学同社会科学之间也相互渗透，产生了一些边缘学科，如管理科学就是这样一门边缘学科。它既包含经济学、会计学、社会学等社会科学的内容，又包含机械学、电子计算技术等自然科学的内容。可以预见，这种边缘学科将会越来越多。同时，自然科学和社会科学又相互吸收了许多于己有用的东西。例如，社会科学引进了许多自然科学中的概念、术语、公式、计算方法等，而自然科学也引进了许多社会科学中的概念和方法。当然，有些引进是否恰当，还有待于历史发展的检验。但是，这种彼此影响和相互渗透的过程，看来是科学发展的一个必然趋势。

第二，当前社会主义现代化建设许多重大的问题的解决，往往不能单纯依靠哲学社会科学工作者或自然科学工作者单方面的努力，而必须两方面的学者和实际工作者同心同德，协力作战，才能获得比较圆满的结果。例如，大至人们探测太空，发射宇宙飞船，小至企业中技术改造以至改进操作方法，调动职工的积极性，提高劳动生产率，都必须运用哲学社会科学和自然科学两方面的专业知识，因而往往需要组成包括各种专业人才的组织来解决这些问题。所以，不论从事什么专业的人，学习马克思主义，了解一些本专业以外的有关学科的基础知识，对于正确地解决这些综合性的问题是大有好处的，是完全必要的。

学习的方式多种多样，总的来说，不外是集中讲授和自学两类。集中讲授固然要有好的教材，自学更需要有好的自学材料。马克思主义经典著作要努力学习，其他许多哲学社会科学和自然科学读物也要学习。在目前新的形势下，更需要大量出版这方面的好书，来对广大干部和青年进行教育，把他们培养成为有坚定的共产主义世界观、又红又专的社会主义建设者。

广东、广西、湖南、湖北、河南五省（区）的人民出版社正是适应这种需要，在协作编辑出版了《政治理论基础知识丛书》和《青年思想修养丛书》以后，又着手协作编辑出版《哲学社会科学基础知识丛书》。这套丛书的主要读者是广大干部和知识青年，他们正是今天和明天同广大人民一起成为实现我国人民根本任务的中坚力量。我看了这套丛书的第一批选题，感到其中包括的哲学社会科学的许多重要学科，

对广大干部和青年的学习是有益的。我希望这套丛书能做到
提高质量、精益求精，在普及马克思主义理论、普及科学文
化知识、促进社会主义精神文明和物质文明建设方面，做出
自己的贡献。

加强社会主义工业建设重大
理论问题的研究*

——在中国工业经济学会第二次筹备会议上的讲话

今天，请了在工业经济方面有研究的同志，也请了在经济战线上长期进行了卓有成效的工作的，经验丰富的，而且把有些经验上升到理论高度的同志一起请来开会，还有一些同志因为有别的事不能到会，我们还可以和这些同志继续联系。

党的十二大提出我们国家在本世纪末工农业年总产值要翻两番，这个翻两番是要在提高经济效益的基础上的翻两番。实现翻两番的任务，实际上工业是主要承当者。要让农业在20年内翻两番，那是有相当的困难的。当然，现在所说的农业没有包括乡镇工业，如果把乡镇工业包括在内，从现在的情况看，要翻两番是大有希望的。但这里就包括了工业的因素。我们今天酝酿成立工业经济学会，我们研究的对象应该包括乡镇工业在内，不应该只是城市工业、国营工业，应该包括正在兴起的，而且很有发展前途的这部分乡镇工业在内。中央要求，翻两番要建立在提高经济效益的基础上。应该说，我们工业的

＊　本文原载《经济管理》1984 年第 5 期。

经济效益很不理想。虽然，这几年工业在数量、质量、品种等几个方面有不同程度的进步，尤其发展速度比较快，但是在经济效益方面还是不能令人满意的。拿去年的情况看，预算内国营企业生产增长了9.6%，而税利只增长6.3%，每百元销售利润却比前年减少了0.58元。这说明经济效益没有什么大的提高，某些方面甚至有所降低。这是当前工业经济需要研究的一个大问题，即怎样在提高经济效益的前提下实现翻两番的任务。当然，翻两番不仅是量的概念，而且是质的概念，这就是要有相当程度的现代化。现在看，要在本世纪末普遍地达到世界先进水平是不可能的。但是我们的绝大多数企业在本世纪末达到发达国家70年代末80年代初的水平，则是可以而且必须达到的。这是就一般情况说，也是最低限度的要求。有一些部门、有一些企业，还应该达到或者接近当前世界的先进水平，也许某些部门和产业会达到当时世界最先进的水平。这些毫无疑问是工业应该承当的任务，因为工业是发展国民经济的主导力量。以农业为基础、工业为主导的发展国民经济的总方针是1961年提出来的。开始毛主席提出以农业为基础的发展国民经济的总方针，周总理提出应加上以工业为主导的内容。加这么一条还是很重要的。因为只有基础，没有主导的力量，即没有工业，我们的社会主义四个现代化还是没有希望的。所以，工业对于实现党的十二大制定的我国国民经济发展的战略目标、战略重点是起重要作用的。而要完成这样的任务，需要工业战线的广大干部、职工和科技人员共同努力。但是，要使我们的工作更有效，更具有科学性，能够取得更好的效果，包括经济、技术、社会各方面的效果，就需要我们加强工业经济的理论研究。正像列宁所讲的，没有正确的理论指导的实践，是盲目的实践。在这方面，30 多年来我们吃过苦头。当然不能说过去的实践都没有理论的指导。也有理论的指导，不过有的时候的理论指导是脱离实际的，不能反映实际。我们今天所说的理论指导，应该是马克思列宁主义、毛泽东思想，是真正能够解决我们中国社会主义建设中提出的重大实际问题的理论。这种理论不是自然存在的，不是从天上掉下来，或者是人们头脑中所固有的，而是根据马克思主义的立场、观点、方法分析中国的具体情况，运用于中国的具体环境，不断总结经验，提高我们的认识，逐步形成的。这项任务当然离不开实践，但同我们一些同志所进行的具体业务工作又有区别。当然，我们做理论工作的同志一定要与做实际工作的同志亲密地结合在一起，这件事情才可能做得更好。因为 30 多年的经验证明，凡是既有理论又有实际经验的同志，无论做实际工作，还是进行理论研究，成效就大。反过来说，成效就小。然而，在现实生活中确实存在这样一个问题：一些做理论工作的同志缺乏实际经验；而做实际工作的一些同志因为时间和精力等条件的限制，则缺乏必要的理论修养或者理论研究。这个问题需要解决。解决得好，我们的工业一定会得到更健康的发展。这是没有疑问的。我想我们的学会应该在这方面尽到我们能够尽的力量。这也可能是自不量力，但是，只要大家奋发努力，会起到积极作用的。我们的工作做得越好，在这方面的贡献就会越大，对经济的发展越有利，这是可以肯定的。

工业经济面临的重要的课题很多，就我们经常接触到的重大问题是些什么呢？

第一个问题，中国的社会主义经济建设究竟具有什么特色？小平同志不是在党的十二大提出要建设有中国特色的社会主义吗？当然这里包括社会主义的政治、经济、文化，还有其他的方面，但是，经济是它的基础。要建设有中国特色的社会主义，中国社会主义的国民经济的特色究竟是什么，是需要我们认真研究的一个大问题。报刊已经发表了不少讨论的文章，还需要继续探讨。中央领导同志最近说，要回答什么是有中国特色的社会主义，现在还回答不了，还需要我们去创造。社会科学工作者，应该按照中央领导同志的指示，创造性地探讨这些重要问题，随着实践的发展，逐步从理论上搞清楚。所以，研究这个问题，是中国社会科学工作者义不容辞的责任。为什么我从这个问题讲起呢？因为国民经济是一个整体，工业是国民经济的一部分，而且是它主导的部分。研究工业经济，不能离开国民经济这个全局、这个整体。整体有什么特色，必然要反映到工业这方面来。比如，中国有 10 亿人口，这是中国的特点，在国民经济的特色上一定会反映出来，在工业上也会反映出来。我们现在有 1 亿多工薪劳动者，按真正需要，并不要这么多，大概多 1/5—1/4。这些人怎样安排，是目前这样安排好，还是采取另外的办法安排好，就同整个国民经济有关系。大家都学了《邓小平文选》，小平同志讲中国至少有两个重要特点是必须看到的，一个是人口多、耕地少，一个是底子薄。这是就整个中国的情况讲的，对我们的国民经济、对工业都有影响。所以，首先要把中国社会主义经济究竟有什么特色研究清楚。

第二个问题，是同我们有直接关系的，中国社会主义的工业究竟有什么特色。工业是一个总的概念，各个国家都有工业，但是，每个国家的工业又总是有它自己的特色。中国工业有什么特色，就需要探讨。只有把中国的工业、农业和其他各个部门包括流通在内的特色都搞清楚了，概括起来才成为中国国民经济的特色。所以，小平同志提出的建设有中国特色的社会主义的问题，具体到我们这个领域，就要研究中国社会主义工业的特色。

第三个问题，需要研究中国社会主义工业发展的道路和它的前景。毛主席对中国工业发展的道路讲过很多，都是很重要的。斯大林也讲过苏联工业化的道路问题，一个时期曾经被认为是社会主义国家必须遵循的规律，即都必须从发展重工业开始。我们在一个时期里也是这样做的。后来毛主席感到斯大林的说法有些缺陷，提出工农业并举，要处理好工业同农业的关系。中国工业化的道路是不是就是这样，我们的认识能不能再前进一步呢？毛主席提出这个问题是在 1956 年《关于正确处理人民内部矛盾的问题》的报告里。不久以后发表的《论十大关系》，关于如何发展我国的工业，又有进一步的论述。从 1956 年到现在，又经过了将近 30 年。30 年的实践又有许多新的经验可以概括进来，使我们对这个问题认识更加深化，并由工业发展的道路预见到它的发展前景。我们现在正在研究 2000 年的中国，2000 年的中国工业究竟是什么样子、什么图景，那时候是否每一个产业部门都要翻两番；还是有的翻两番、三番，有的一番也翻不了，甚至也不需要它翻。总的概念是翻两番，并不是所有的部门都要翻两番，如果都翻两番，目前经济结构不合理的情况不但不可能改善，甚至会更加不合理。所以，关于工业的发展道路和前景的研究是很重要的。分解到每一个部门，钢铁工业应是什么样，能源、化工、机械、轻纺等部门应是怎么样，都需要研究。这就是工业发展战略问题。对于发展工业的指导思想、战略目标、战略重点、战略步骤、实现战略目标必须采取的政策和措施，都要研究。我们说现在的工业的产业结构不合理，到底是什么不合理，不合理到什么程度，什么才叫合理，都需要弄清楚。合理化，也只能是一定条件下的合理化，它本身也在不断发展变化，需要不断加以调整，向着更加合理化的目标前进。再就是技术结构。我们国家的技术结构，是多层次的，有最新的技术，有自动化、半自动化的，也有机械化、半机械化的，还有手工劳动的，大体上是个金字塔形。最先进的就是那么一点儿，总的顶端就是了。手工劳动占了相当大的比重。将来是个什么形式？现在讲世界上正在发生"新的技术革命"，它对我们会有什么影响？还是按照传统的办法搞，还是采取别的办法，也需要研究。在迎接新的技术革命的对策问题上，实际上有两种意见。一种是从建立新的产业发展，把主要注意力放在建立新的产业部门上；再一种就是从改造我们的传统工业出发，在这个基础上，根据我们可能吸收的条件把世界上最新的技术吸收过来，实现现有产业的现代化，以此为前提相应地发展我们所必需的某些新的产业部门。我们千万不要头脑发热，再重复过去搞"超声波、管道化"和"农业机械化"那样的做法了。那种做法不行。如果又搞成一阵风，本来很好的事也会给弄坏。要真正吸收新技术，一定要提高我们的素质，把技术人员的素质提高了，工人的技术水平提高了，才能吸收消化新的技术。所以，要弄清我们在这方面的差距，说明我们应当向哪些方面奋发努力。不是开个动员会讲这个化、那个化、大轰大嗡一通儿。如果这样做，那就难免犯过去的错误。还有人才智力结构、工业的地区结构、工业的组织结构，等等，都需要研究。拿工业企业来说，目前的概念就是相当混乱的。我们常常把工厂、企业、公司并称，这是不科学的。如果统称为企业可能好一些。企业可以是工厂，也可以是公司。

第四个问题，关于中国社会主义工业的管理体制，也需要好好研究。究竟是部门管理？地区管理？还是把它们结合起来，也是争论不休的问题。还有政企要不要分开，分开以后企业又怎样管理，也是很大的问题。这都与工业的组织结构有关系。进行工业的改组和企业的联合，搞专业化协作，里边的问题是很多的。就我接触到的，全国性的真正自愿地联合在一起的，是第二汽车厂。它从广东搞到黑龙江，从重庆到上海，一百多个左右的企业都同它联合起来。当然是互有所求。我看恐怕其他厂要更多地有求于"二汽"，这样很自然地就以第二汽车厂为中心联合起来了。另一个是地区性的比较成功的联合，就是首都钢铁公司，北京市把冶金局所属二十几个厂和首钢联合起来，成为它所属的厂，市冶金局取消了，联合之后各厂有了合理的分工，经济效益大为提高。这样，重复建设、盲目建设的问题也就好解决了。北京冶金企业没有同首钢联合以前，就存在盲目建设的问题，联合起来，就避免了。这种在一个市范围内的有效做法，如果根据可能的条件，推广到市与市之间，地区与地区之间也会取得好的效果。要提高现有企业的经济效益，有些是要靠技术改造挖潜力的；但绝大多数只要把组织结构、管理体制，加以合理调整，打破条块分割，不要什么投资，就能出效益。这是属于体制方面的问题。在体制方面，厂长负责制的问题需要解决，当然，这是企业内部的体制问题。

最后，我还想讲一个问题，就是在实现社会主义现代化过程中怎样保持和发扬中华民族优秀的历史文化传统。党的十二大提出加强社会主义精神文明建设的问题，这是很重要的问题。这方面要做的事情很多。我们要建设有中国特色的社会主义，离开我们民族的优秀的历史文化遗产和传统，是不行的。在实现社会主义现代化的新的历史时期，如何提高民族的自尊心和自信心，是一个很大的问题。抗日战争时期，毛主席代表我们党向全国人民提出提高民族自信心的问题，尽管日本很强大，我们还是把它打败了。抗美援朝时期，我们党又提出要蔑视美帝国主义，大大提高了我们民族的自信心，"雄赳赳，气昂昂，跨过鸭绿江"，结果取得了抗美援朝的伟大胜利。今天我们面临着实现现代化的新的历史任务，同那些经过200多年发展历史的西方发达国家相比，有人觉得我们这也不行，那也不行，有一种看不起自己的自卑思想。这是在社会主义精神文明建设中必须解决的一个重要问题。我们搞四化，一定要发扬爱国主义精神，提高民族自尊心、自信心。不久之前，我访问了印度，看到印度人民对他们的历史文化传统感到很自豪，在搞现代化的过程中，他们保持了本国的历史文化传统。无论是建筑艺术、内部装修、人民服饰，以及音乐、舞蹈、电影、广播等都是印度式的。当然，这并不妨碍他们重视吸收和消化国外的新技术。

在社会主义现代化建设中保持和发扬我们民族历史文化的优秀传统，这是建设社会主义的精神文明的一个极重要的内容。不能把现代化看成就是外国化，应该是中国式的现代化。我1980年访问西欧，法国人就讲战后吸收了美国的新技术，但是还是法兰西化。联邦德国也讲在接受战后马歇尔计划时不能改变日耳曼民族的传统。奥地利的企业家也讲他们是"传统加进步"。最近几年，在同日本朋友的接触中，一些有识之士都讲到现在他们的经济发展了，也比较先进，但是存在着某种精神危机，即有些人否定本民族的优秀传统，一味追求欧美的生活方式，特别是美国的生活方式。他们已经感到这是一个问题。所以，我们在社会主义现代化建设中如何保持和发扬我们民族优秀的历史文化传统，建设有中国特色的社会主义的精神文明，也是需要很好地研究的问题。当然，这不仅是经济方面要研究的问题，也是哲学、历史、文学及其他有关学科都应当研究的问题。

行政管理科学是大有发展前途的[*]

　　社会科学门类很多。行政管理这门学问是社会科学中很重要的一门学问，而这门学问牵涉很多方面。国家的行政管理是行政管理中的主体，但行政管理的内容，比国家的行政管理范围还要广一些。从社会生活实践中，我们可以看到每一个单位都有行政干部在处理各种行政管理事宜，不仅在国家各个机关是这样，而且在党的机关，群众团体，以至于经济组织和各种事业单位都是这样。所以，从这个意义上说，行政管理这个概念，这个学科，可以划在国家行政管理这个范围里，也可以把它扩大一些范围。

　　行政管理是非常重要的，它牵涉我们事业的各个方面。我们要进行社会主义现代化建设，要完成党的十二大提出的，到本世纪末，在提高经济效益的基础上，实现工农业年总产值翻两番的任务，要建设高度的社会主义物质文明和精神文明，要建设有中国特色的社会主义，要完成这些任务，离开管理是不行的。所有的事业都需要管理。我们过去有个习惯说法，叫

---

　　* 本文是笔者 1984 年 7 月在天津召开的"全国行政科学学术讨论会"上的讲话，原载《政治学研究》1985 年第 1 期。

"领导"。其实，"领导"在一定意义上就是"管理"。领导这个事业就是管理这个事业；领导这些事情就是管理这些事情。当然，领导和管理也还有不同含义。但是，我们常常觉得领导是很重要的，而一讲到管理，就不认为那么重要。实际上，如果我们的领导离开了管理，那种领导很可能就是个空头领导。总之，管理的重要性还没有被我们很多同志所认识。用列宁的话来说，我们要解决国家行政管理这个任务，要有效地进行管理，就是"要用新的方式去建立千百万人生活上最深刻的经济基础"。这是"一个最崇高的任务"。从这里可以看到，在十月革命无产阶级取得政权以后，列宁就强调指出：管理国家的任务，是最重要的任务。在中华人民共和国成立前夕，毛主席在党的七届二中全会上也说过：我们不但善于破坏一个旧世界，我们还将善于建设一个新世界。如果你是无能的，是没有效率的，你怎样建设一个新世界？现在我们全国拿工资工作的大概有一亿多一点的人。在这些人中，不直接参加生产的工作人员（我们称做"脱产干部"）大概占15%—17%。这是讲企业。至于国家机关，全部是工作人员。一亿人里恐怕有一千几百万甚至两千多万是工作人员，他们中间的绝大多数在一定意义上都是做管理工作的。当然，有的是做国家行政管理工作的，有的是做经济管理工作的，有的是做文化管理工作的，有的是做卫生管理工作的，有的是做教育管理工作的，如此等等。这些做管理工作的同志，如果不懂得管理科学，肯定是搞不好工作的。我们天天在管理，天天讲管理，我们天天做的就是管理，可是我们在做工作的时候，指导我们工作的理论、方法是不是科学的？这个问题，就可能是仁者见仁，智者见智了。有的人善于总结经验，不仅善于总结自己的经验，而且善于总结别人的和前人的经验，他就管理得好；有的人不善于总结自己的经验，也不善于总结和学习别人的和前人的经验，他的管理工作就做得不好。

在这方面，我们有一个缺点，就是对我们自己的和前人管理的经验，缺乏以马克思主义的观点加以科学地总结，使它理论化、系统化，使它成为一门科学、一门学问。这方面的书我见得不多。我们有些学校里开始建立政治学这个学科，有些行政干部学院、政法学院、行政干部学校建立了管理学科，但是这个学科的发展还远远不够，真正有系统的教材，也不是很多的。我们要很好地总结我们自己的经验，并学习前人的经验，为我所用。当然这样做还是有不少困难的。

我们成立这样一个行政学研究会，是非常必要的。我们这个研究会要能够推动这个学科的建设，能够使我们这个学科真正沿着马列主义、毛泽东思想的轨道把管理方面的经验加以科学的总结，使它理论化、系统化，变成教材。这样就能使更多的人掌握这方面的知识，更自觉地运用科学方法来改进自己的管理工作，提高管理能力和管理水平。这方面的任务是很艰巨的。我自己就深深地感到：有一个怎样改进我们的科研管理工作、把我们社会科学院办好的问题。这里面确实有很多学问。有些同志的工作效率高，工作成果就好；另外一些同志的效率低，工作成果就差。为什么会有这种差别？怎样使大多数同志达到好的、高的水平？使效率低、成果差的同志能够迅速赶上效率高、成果好的同志？这是大有学问的。我们天天讲提高工作效率，把我们的工作做好，怎样才能提高工作效率，把工作做好？工作做得好的人，往往是自觉不自觉地掌握了一定的科学管理方法。掌握了这种科学管理方法的人，工作就一定做得好一些，一定比没掌握这种科学管理方法的人做得好一些，他也不一定全部做得好，但总是比没掌握这门科学管理方法的人做得好些。当然，也有一些人，他懂得了许多道理，但不结合实际，就像孔明在空城计中斩的马谡那样，读了很多书，但不会用，最后还是失败了，那是因为理论脱离实际，而不是由于他理论懂得过多。如果我们真正掌握了行政管理这门科学，又会运用它，那肯定是会把事情做好的。

现在越来越多的人认识到这门科学的重要，因为这是社会的实际生活需要这门科学。它既然是一门科学，我们就要学习它、掌握它、运用它，并且通过不断地总结实践的经验，而发展它、完善它。科学总是不断前进的，永远没有完备的时候，今天认为完备的，明天它又不完备了，又要发展了。因为它是科学，就不能永远停留在一个水平上。但是，光凭我们说它是一门科学，恐怕有的人相信，有的人还不大相信。这门科学不是讲空道理的，它是有基本理论的，同时还有很大的实用价值，所以我们不只是要有基本的理论和原则，没有理论和原则当然是不行的，但是这些理论和原则必须要和实际结合起来，要解决我们实际生活中提出的问题，解决我们管理工作中提出的问题。如果我们能写出一些课本，大家学了之后，能得到启发，不仅能掌握一些基本的原理原则，而且对这些原理原则能很好地运用，那么，就会有利于管理好我们的各项事业，管理好我们的国家。如果是这样，我看这种科学就站得住脚了，就不是伪科学，而是真正的科学了。这样它的重要性自然就会被人们所认识。我们成立这样一个研究会，要推动这个学科的发展，要真正按照马克思主义的立场、观点、方法，在理论和实践的结合上把各方面管理工作的经验加以系统化、理论化。要写出书来，首先是要写出一些教科书来。这些教科书当然是要不断完善的。有了这些东西，更多的人就能掌握它，运用它，并在运用中不断完善它。

前面说过，行政管理涉及各个单位，比如，怎样办好一个大学、一个中学、一个小学，这里面有管理；怎样办好一个医院、一个剧团，也有管理；进而说到办好一个工厂、一个农场、一个工程、一个建筑公司、一个研究所、一个设计院、一个研究院、一个商店、一个银行，都有个管理问题。工厂就有工厂的管理问题，商店就有商店的管理问题。这些管理当然和政府管理有区别，但是也不能说它们之间没有共同的规律。有共性的东西，也有特性的东西，所以这方面我们要做些研究。

1979年我考察了美国的五个著名的大学的管理学院。这些管理学院，我原以为是经济管理学院，其实不是的，它就叫管理学院。研究生毕业以后，经过若干年工作，有的当了大学校长，有的当了医院院长，有的当了政府某个机关的首长，至于当各类公司经理、银行行长等职务的那就更多了。在美国的大学里，一个是名誉校长，是学者，另一个是行政副校长。行政就是我们说的管理。医院也是这样。医院的院长可能是个外科大夫或者内科大夫，管理医院具体事情的副院长常常不是医科毕业的，也不是大夫，而是从管理学院毕业的。同样，他今天在学校里当个管理校长，他明天就可能到政府里当个部长，或者到哪个银行里当个行长。如麦克纳马拉，原是美国通用汽车公司经理，后来当了国防部部长，后来又当了世界银行的行长。他的管理不是只会行政管理，只会当官。现在我们把学科分得太窄，学了这门，就不会干那门，这是不好的。所以我有这样的想法，哪一个方面都有管理问题，当然国家的行政管理是很重要的，但还有很多方面的管理，因为我们国家的重点是经济建设，国家的管理是要建设社会主义的物质文明和精神文明，而物质文明建设是基础，这方面的管理是最重要的管理。我们把眼界只简单地放到行政事务的管理上是不行的。一个能管理好大企业的经理，肯定能当一个好的部长，反过来说，如果连一个企业都管不好，怎么能当好一个部长呢？所以管理还是有它的共性的。当然，做哪个事情还要和哪个业务结合起来，不结合起来，事情也搞不好。比如说，管医院，对医院的业务一点儿也不懂；管学校，对教育的业务一点儿也不懂；管一个文化团体，对文化团体的业务一点儿也不了解；管一个工厂，对工厂的业务一点儿也不了解；管一个纺织厂，不懂纺织；管一个冶金厂，不懂冶金；管一个机器制造厂，不懂机器制造；管一个煤矿，不懂采煤，那当然是不行的。总是要懂得一些。所以这里有个跨学科的问题。据我所知，发达国家现在都提倡双学位制，提倡跨学科的方式。所谓跨学科，大部分都是跨着管理学科。学工程的要学点管理，学技术的也要学点管理，所以管理的适用范围是非常广泛的。过去我们的教育制度在不少方面，学了苏联，采煤的就只知道采煤，采煤怎样管理他不管。实际上，有好多采煤工程师最后当了矿长，而当矿长的这套学问他在学校里并没有学，而是从实践中学来的。1979年，我到美国麻省理工学院访问时，曾问主人，你们是理工学院，为什么还要在院内搞斯隆管理学院？主人回答：斯隆管理学院研究生都是既学工又学管理的，他们比只学理工的研究生更受聘任单位的欢迎，因为干了几年以后担任经理的多是这些人。斯隆管理学院的名字是从一个人的名字来的。这个人原是麻省理工学院学机械制造的，后来当了美国通用汽车公司的总经理。当经理后，他发现自己只学了专门技术，不懂管理，业务搞不好。他自己亲身感受到这一点后，说一定要在麻省理工学院里办一个管理学院。他是第一个创办这一学院的人，所以学院以他的名字命名，叫斯隆管理学院，以后就这样延续下来了。

国家行政管理和一般管理有共性的东西，但国家行政管理还有一些特性的东西。如司法的行政管理，这就是跨学科的，既要懂法律、懂政治，又要懂管理。业务部门的管理更是这样。纯粹的管理，抽象的脱离具体业务的管理，是不存在的。当然，我们这次讨论会，主要是讨论国家行政管理。国家也是具体的，有中央政府，有各个省的政府，县的政府，区、乡政府，等等。每一级政府，又有各自的行政业务部门，也要进行管理。我们讨论国家行政管理，要把一般的管理原则和国家行政管理的具体业务结合起来，这样我们的工作才更有成效。不然的话，只是空洞议论几条原则，不能解决有关方面管理的具体问题，那么，这些原理、原则的价值，就值得人们怀疑了。这也应当作为一个问题进行研究。

现在我们行政管理学院培养的干部都是做国家机关管理工作的，经济管理学院培养的人可能是到经济部门搞管理工作的。我们这个研究会将来可能会有多种研究会，国家行政管理这是一个研究会，会不会出现一个教育的行政管理研究会？卫生的管理会不会出现一个？文化的管理会不会出现一个？报纸、新闻、出版、商业、工业、交通运输等各行各业，都有一个管理问题，实际上我们需要很多方面的管理。管理形成一种科学，它的门类还可以划得更细一些，使我们的研究范围能够更宽一些。

　　行政管理学以国家的行政管理作为主要研究对象，这是理所当然的事情。这个事情特别重要，因为我们党和国家的很多事情，比如，建设社会主义现代化的事业，都是由党和国家来领导的。现在行政管理的职能，主要是组织社会主义经济建设，这是我们中心的首要任务，所以要把国家行政管理问题首先提出来研究。胡耀邦同志一年多前有一个批示，说我们成立研究会、学会有个毛病，就是徒有虚名的多，真干实事的少。我们成立研究会要执行耀邦同志的指示，要研究我们国家行政管理中比较重大的问题，在扎扎实实工作的基础上，使我们这个研究会真正成为理论和实践相结合的，真正推动我们学科发展的，能够帮助我们广大的国家工作人员掌握马克思列宁主义的国家行政管理科学的组织。能够完成这样的任务，就符合耀邦同志的要求了。

　　说到科研成果的质量问题，我想谈谈我们社会科学院在科研体制改革中，打算怎样评价社会科学的研究质量。这个问题关系到我们研究人员评定职称、工资待遇等一系列的问题。在拟订改革方案时，应该回顾一下历史，看看哪些是做得对的，哪些是做得不对的，从中总结经验教训。我们过去往往把研究人员是否写了几本书，是大部头的书，还是小部头的书，作为衡量他有无科研成果和科研成果大小的标准。至于这本书的社会效果怎样，则考虑得少。当然，社会科学的社会效果的评定和自然科学效果的评定不完全一样。自然科学的研究成果，可以在试验室里再做几遍试验，就能证明它是否成功。社会科学的科研成果，不论是写了一本书，或者写了一篇研究报告，有的在一年两年，三年五年中还不大容易看到社会效果。确实有这样的问题。也许这本书或这个报告一问世，就遭到反对，但过了若干年后，社会实践却证明它的观点是正确的；也许这本书很畅销，大家认为很好，但过了几年，实践却证明这本书的观点是错误的。所以，评定一个社会科学研究成果质量的高低，比评定自然科学成果要困难一些。这是客观存在的。当然，自然科学有重大的发明和发现，有的也不是一下子就能证明是正确的。比如哥白尼的"日心说"的理论，也是经过若干年以后才证明他的观点是正确的。但一般来说，自然科学成果究竟是正确还是不正确的，取得一个结论，比社会科学要快。那么，社会科学是不是就不可能有评定科研成果的质量标准？应当说还是有的。社会科学研究成果的质量标准，不能只看书的部头大小，主要应当看它的社会效果。既然如此，我们就不能简单地只以某人出了几本书、字数多少，来评定他学术水平的高低。如果一个人没有出书，他写了一个几千字或者几万字的研究报告或建议书（如，国家行政管理方面的，改进我们国家的行政管理制度或人事制度或组织制度），如果这个建议被党和政府采纳，而真正取得了效果，而另外一个人也同样写了这方面的书，写了几十万字，却下笔千言，离题万里，我们在评定科研成果谁有较高的学术水平时，是承认前者，还是承认后者？我们认为，还是应当承认前者，应当看他对社会贡献的大小，不能只看他写或没写出大部头的书。如果他写了几千字，真正有价值，他的贡献就高于写了几十万字的；如果写了几十万字的人社会效果不如他，那么，在评定职称和工资待遇时，就应该把他列到前面来，作为一个重要的依据。这里，还有一个问题，那些人写了书有稿费，而他写了几千字的研究报告也许还不能发表（因为有些是给党和政府提的建议），对这些人应该给予相应的奖励。既然自然科学可发给一定的科研成果奖金，社会科学为什么就不能这样做呢？奖金的数额应该不低于写了和他同等水平书的那些人的稿费。

我讲这个问题绝不是为社会科学工作者争名、争利，主要是为了引导社会科学工作者精心研究社会主义现代化建设中重大的理论问题和实际问题，为实现党的十二大提出的伟大历史任务而奋斗。当然，要解决以上的问题，社会科学理论的研究、基础的研究是很重要的。没有基础理论的研究，我们的方向就会发生问题，应用研究也不会有很大成果。但如果仅仅在基础理论研究上下功夫，对应用研究不重视，对社会效果不重视，那么我们的研究是不会有前途的，不会有很大发展的；同时，基础理论的研究也一定搞不好。因为，社会主义现代化建设的伟大实践向我们提出了很多问题，它给基础理论研究出了题目，重视这些题目的研究，基础理论研究才能更深一步，才能有新的见解。两者不能偏废。但我们现在的毛病，正如邓小平同志所指出的，主要是理论研究脱离实际，对应用方面重视不够。国家行政管理这个学科是应用性很强的学科，不像一般文学、历史、哲学等人文科学。这个学科的社会实践性是很强的，既然应用性、实践性很强，就应该更重视这方面的研究。这样做，对我们学科发展有很大意义，通过应用，人们才会更加重视我们这个学科，扶持我们这个学科，再加上我们自己的努力，我们这个学科的发展就是大有前途的了。

改革社会科学研究
工作的几个问题[*]

我这次是来参加长白山开发讨论会的，会后准备到大连去参加大连发展战略讨论会。今天，来到这里和同志们座谈，对我来说是个很好的学习机会。

吉林省社会科学院在全国社会科学界是很有影响的，成果很多。《社会科学战线》这个杂志在全国、国际上都有影响，比《中国社会科学》办得早，而且办得出色。

社会科学门类很多。你们这儿每个研究所内部就有好多学科。我是搞经济的，对于社会科学的其他学科，很少研究，可能同志们提出来的问题我也回答不了。所以仅就一些共同性的问题，比如怎样开创社会科学研究的新局面、社会科学研究工作怎样改革等问题说一说我的看法，请同志们指教。

一 社会科学面临着严重的挑战

同志们都知道，第二次世界大战以来，科学技术的进步是

　　* 本文是笔者 1984 年 8 月 4 日在吉林省社会科学院干部会上的讲话，原载《社会科学战线》（季刊）1985 年第 1 期。

日新月异的，70 年代以来，战后开始的这场科学技术革命又进入一个崭新的阶段，它已经产生和将要产生怎样广泛而深刻的影响？世界上有不同的描述。有的把它叫作第二次或者第三次技术革命，或者叫作第二次、第三次或第四次产业革命，还有的叫作第三次浪潮，等等。不管怎么样称呼它，不可否认的一个事实是现在世界上确实出现了一批新的技术群和新的产业群。这对世界的经济、社会、思想、文化、政治，也包括我们的社会科学都发生了很大的影响。

　　自然科学和社会科学的发展历来是相互作用的。自然科学的这种日新月异的发展影响着社会科学相适应地发展。同时，社会科学也给自然科学以影响。世界这种新的科学技术革命的发展，确确实实对社会科学提出了很多的问题，特别是对马克思主义的社会科学提出了很多新的问题。这些问题，无论马克思、恩格斯也好，列宁也好，是在他们那个时代没有遇到过的问题。当然，他们给我们留下了研究这些问题的立场、观点和方法，但是没有也不可能给我们留下现成的答案。如果一切都是现成的，那还要我们干什么！马克思主义要不断发展、不断前进。马克思主义之所以是科学的，就在于它是不断发展、不断前进的科学。因为社会生产是不断发展、不断前进的，科学技术也是不断发展、不断前进的，当然社会科学同样也是不断发展、不断前进的。比如，现在西方资产阶级经济学家、社会学家、未来学家都讲发达的资本主义国家正处在什么"后工业社会"。他们把社会的发展分成这么几个阶段：原始社会、农业社会、工业社会。工业社会以后就是"后工业社会"。后工业社会叫作什么社会呢？有些人把它叫作信息社会。他们认为，以前的社会都注重物质生产，后工业社会——信息社会——则注重信息的生产。以前的人们是靠物质生活的，后工业社会人们要靠信息生活。他们也讲了资本主义国家在科学技术发展上许多客观存在的事实，这是不可否认的。这些科学技术对我们搞四个现代化是很需要的。当然，他们也解释说信息是物质化了的信息。确实也有这样一个问题，将来物质产品中的物化劳动和活劳动会越来越节省。物化劳动和活劳动的节省反映了信息的发展。但是，是不是人类社会的发展已经到了不要物质只靠信息就可以生活的时代呢？

　　和这种观点相联系的，西方的经济学家、社会学家、未来学家还有另外一种看法。他们认为，人类社会并不需要共产主义，也并不需要社会主义，资本主义就挺好。他们反过来证明这种观点：你看，我们这个资本主义就是萧条一阵子繁荣一阵子，繁荣一阵子又萧条一阵子，每次萧条之后就预示着一次新的繁荣，资本主义就是在萧条—繁荣—萧条这样反复循环的过程中不断前进的。这就得出了一个政治结论：并不需要共产主义，将来社会也不会是共产主义社会。实际上是反对共产主义。美国的经济学家罗斯托写了一本《经济发展的阶段》，它的副标题是"非共产党宣言"。在60年代我们出版他这本书的时候把它翻译成《反共产党宣言》。后来，我们好多翻译家说《反共产党宣言》翻译得过分了。可是，他的《非共产党宣言》也是对着马克思、恩格斯的《共产党宣言》来说的。他的基本观点是：未来社会不是属于共产主义而是属于资本主义。

　　这对我们马克思主义者来说是个严重的挑战。我们必须对此做出回答。马克思主义还灵不灵？马克思主义还是不是一门科学？我们在北京王府井街头参加过一次咨询服务，遇上了一个大学经济系的硕士研究生，他对我说："现在看来，马克思的《资本论》是过时了；最好的是美国未来学家托夫勒的《第三次浪潮》，它代表了时代的潮流。"他不是开玩笑，而是郑重其事地提出这个问题。我向他解释了这个看法是不对的。我们的大学经济学硕士研究生，学的就是《资本论》，却认为它过时了，而托夫勒的《第三次浪潮》才代表了历史发展的趋势。这还不是对我们马克思主义的挑战吗！这不单单是个经济学的问题，还包括了哲学、政治学、社会学等有关的学科，甚至包括了整个社会科学。

这仅是一方面，而另一方面，新的产业、技术的发展确实是马克思没有遇到过的问题，需要用他的立场、观点、方法去认识去解决新的问题。正确地解决这些问题，是我们马克思主义者的历史任务。我们要对新的社会现象、经济生活现象、人们的思想状况进行系统的调查研究，根据马克思主义的基本观点予以科学的解答。解决这些新问题，就是创造新理论，就是丰富和发展马克思主义。马克思主义要有生命力，就必须吸收现代科学的一切新成就、新成果。

以上是从国际上来讲的。从我们国内来讲，也有许多新的问题需要进行科学研究。党的十一届三中全会以来，我们党总结了新中国成立30年来的经验教训，也汲取了国际共产主义运动和建设社会主义的经验教训，制定了一条新的路线，对内搞活经济，对外开放，加快有中国特色的社会主义物质文明和精神文明的建设。5年多的历史证明了党的路线是正确的，取得了很大的成效。这是有目共睹的。

我们在农村实行了以家庭为单位的联产承包责任制，大大发展了农村的社会主义商品生产和商品交换，农村的面貌有了很大的变化。拿吉林省来讲，1983年有100亿斤粮食储存起来，今年可能又增 100 亿斤！这是很好的现象，说明我们国家大有希望。城市的变化虽然没有农村的变化那么大，但变化也不小。城市要总结农村的经验，创造适合城市的做法。农村主要是集体所有制，要把集体和个人的关系处理好，把家庭联产承包责任制解决好，就能提高群众的积极性。城市主要是社会化生产的全民所有制和集体所有制，那就要解决国家和企业的关系、企业和职工的关系。现在国家又决定给企业以十条权力。国营企业要创造条件实行独立核算、自负盈亏。企业内部对职工的劳动报酬，实行"上不封顶，下不保底"，把企业办得好坏直接和职工的利益挂起钩来，这就有利于解决企业吃国家的大锅饭，职工吃企业的大锅饭这样一个问题。

在对外经济关系方面，毛主席在党的七届二中全会上的报告中说，新中国成立后至少要和资本主义国家做生意。但是，中华人民共和国一成立很快就爆发了朝鲜战争，美国对我国实行封锁。那时，我们只和苏联及东欧社会主义国家来往。苏联同我国的关系恶化之后，我们在经济上同资本主义国家的来往也很少。党的十一届三中全会以后，执行了对外开放的政策，我们引进外资、引进技术、搞合作企业等，取得了显著的效果。

两个月前，我到深圳开了个会。那个地方过去是个山沟里的小城镇，仅仅 3 年多的时间，就变成了一个相当现代化的城市。澳门对面的珠海过去是个渔村，现在却盖起了好多现代化的大楼。中山县是孙中山先生的老家，也是这样。从珠海到广州，沿途农村到处能看到电视机的天线。如果不执行对外开放政策，这是不可能的。这样，就有一个问题：在农村、城市采取这些政策的理论基础是什么？为什么采取这些政策生产力就发展得快，人民就得到较大的实惠？这样做是符合社会主义原则呢，还是背离了社会主义原则？这也是我们面临的必须回答的问题。

所以，不论从国际还是国内来看，我们社会科学工作者都面临着严峻的挑战。我们怎样迎接这场挑战，把我国的社会科学推向前进，为四个现代化，为社会主义物质文明和精神文明的建设服务，为十二大提出的战略目标服务？这就是摆在我们社会科学工作者面前的重大的历史任务。

二　社会科学与自然科学必须联合起来解决"四化"的重大问题

社会科学门类很多。拿中国社会科学院来说，有三十几个所，大的学科有一百多个，细分起来，小的学科有几百个。为十二大提出的总的战略目标服务，为社会主义物质文明和精神文明建设服务，每个学科服务的方法应该有所不同，有的是直接服务，有的不是直接服务。但是不能说哪个学科没有服务的任务，实际上都有这个任务，只不过不能要求大家都是一个样子。有些应用学科可能直接服务多些，有些人文学科就可以采取另外的形式，它至少可以为我们精神文明建设服务。这方面我们大家都要研究一下，每个学科为实现党的十二大的目标、两个文明建设怎样更好地服务？发展社会科学本身就是精神文明的建设，我们是通过精神文明的建设为物质文明的建设做贡献。

社会主义物质文明和精神文明建设提出的那些最重要的课题，也就是国家迫切需要解决的课题。这些最重要的课题往往是需要社会科学和自然科学两大学科结合起来进行研究才能解决的。我们国家要实现四个现代化，离开自然科学、技术科学只靠社会科学行吗？不行。反过来说，只靠自然科学、技术科学而离开社会科学行吗？也不行。自然科学、技术科学的成果在社会上怎样应用，能不能应用？比如一个工程、一种技术能不能社会化，经济上是不是合算，社会上能不能应用它，这是社会科学的问题。所以，这类问题都需要社会科学和自然科学结合起来进行探讨。比如，我们要搞长江三峡的工程，这是很大的工程，我国历史上是没有过的。它牵涉的方面就太多啦。除了其本身的技术问题以外，要筑一个大坝应在什么地方选择坝址，怎么建设这个坝，是高坝、中坝还是低坝，怎样防止泥沙淤积？这好多问题当然是要自然科学、技术科学解决的；但是，至于建大坝要移走很多老百姓，怎么样移走、安置这些老百姓，就成了很大的社会问题了。同时，它输出了电以后，怎样应用这些电，建设这个大坝怎么才是最经济的？这都是社会科学的问题。

我们面临的很多问题都是社会科学和自然科学结合起来才能解决的。

我参加长白山开发和保护的讨论会，看了开发和保护长白山的六个题目，都是自然科学家作的报告，而报告中讲的事情绝大部分是属于社会科学或与社会科学有关的。保护和开发长白山，毫无疑问，吉林省社会科学院的经济研究所和历史研究所都应该参加。长白山原先是满族的发祥地，是禁区。清朝初年还是开放的，到了康熙十六年才被列为禁区；以后又开放了；后来又被封锁了。为什么这样呢？这要做历史的考察。我看这和破坏与保护有一定的关系。这就要求我们社会科学工作者和自然科学工作者合作，和工程技术专家合作，特别是在经济科学方面。搞人口的研究，如不与医科的专家合作，就搞不清楚。

三　要逐步改变我们的智力结构

我们社会科学工作者应该尽可能地学习点自然科学方面的有关知识。搞经济学的人如果不懂点数学就不行。现在，谈任何经济问题只有定性的概念而没有定量的分析是不行的。可是，我们现在有个很大的问题，搞经济学的人有很多不懂数学，不懂统计学。这是摆在我们面前需要解决的问题。我们搞经济学的只讲了一大套原理、原则而没有任何数字说明这些问题，怎么能说是科学的呢？现在中国社会科学院研究生院经济学系招收学生的时候，数学是按理科的要求来考试的，否则就不招收。现在西方的有些经济学家看不起我们，他们跟我们谈话的时候往往对不上话。当然，对不上话的原因，有的是因为两个体系不同，这是可以理解的；有的则是因为他们用数学的方法解释经济问题。数学的基本概念是共同的，你不能说有资产阶级的数学和马克思主义的数学。西方的经济学家看得起、看不起我们是小事情；问题在于我们所面临的问题，必须把社会科学和自然科学结合起来才能解决，不然就解决不了。现在，搞自然科学的人关心社会科学的程度要比搞社会科学的人关心自然科学的程度大。这个问题应该引起我们搞社会科学的人的充分注意。钱学森同志是搞自然科学的，他现在经常讲社会科学的问题。

我们搞社会科学的，过去每个人研究的只是一个学科。当然，对本学科应该精通，不然怎么能是这一学科的专家呢？但是，要把问题研究得好，仅仅靠一个学科，甚至一个学科中某个方面的知识是不行的。比如研究历史的人，只研究政治史，不研究思想史、哲学史、经济史，那根本不行。科学的发展包括社会科学的发展，是向专业化的方面发展，同时越向专业化的方面发展越需要综合的东西，所以跨学科的新的学科就应运而生了。专门化和综合化是统一的。我们真正要把一个问题研究清楚，有一个更高的水平、更深的程度，恐怕仅靠单科去搞，成绩不会很大。这里面就有个学科本身与其他相关学科，相互结合起来研究的问题。

一个学者本身的学问也应该不断地吸收新的东西。推而广之，我们一个研究室、一个所、一个院的智力结构也要吸收一些新的学科、一些新的人才，注入点儿新的血液，这样才能开创社会科学研究的新局面。

四　规划、计划要从两个文明 建设的实际需要出发

过去，我们社会科学部门做计划也好，做规划也好，就只是几本书的题目。书当然要，一个学术机关不出书还叫什么学术机关？但是，只有书目还不行。计划、规划还是要以课题为主。过去，也有课题，课题就是书。而课题又是由个人根据自己的爱好提出来，列入研究计划和规划的。这些书有的同社会主义现代化物质文明和精神文明建设没有联系，也有相当多的不是没有用处，而是用处不那么大。这是因为：首先，书是课题研究的结果，我们不能只在规划、计划中列出结果，而不在

计划、规划中规定，为得出这一结果，必须进行哪些工作。事实上，只有把注意力放在课题研究上，写出高质量的著作才是有保证的。其次，专著只是专题研究成果的一种表现形式，而不是唯一的表现形式。我们的物质文明和精神文明建设需要社会科学研究各种课题，它们的研究成果的表现形式也会因课题的性质不同而各异。如果只承认专著这一种形式，就会使国家需要我们研究的许多课题排不上队，列不进规划和计划。加之过去有些列进计划、规划的书目是由个人根据自己的爱好提出来，甚至是临时"拍脑袋"拍出来的，把这些题目汇总成为计划、规划，就更失去了指导研究工作的意义，成果的质量也完全没有保证。中国社会科学院这次整党时，认为这种情况要加以改变。列入计划、规划的必须是课题；选定课题又必须是由上而下和由下而上相结合。国家的课题是根据国家的需要提出来的。

同时，也鼓励个人提出课题。但是课题必须有课题设计书，说明本课题的研究对于两个文明建设和学科发展的意义，目前已经达到的水平，拟在哪些方面做出新的突破，达到新的水平，等等。没有这种课题设计书，无论课题是研究室的、研究所的还是院里的，都不能列入本单位的研究计划和规划。还有过去是否列入计划和规划，往往是以个人的名望如何来定的，某某人有名，要出什么书，不给他列入计划和规划不行。现在，进行体制改革，要实行一种新制度。在编制计划时，要由评议会或学术委员会加以审查，如果认为有研究价值，才可以列入计划。

课题确定列入计划后，如何分配任务，也应采取新方法。比如，是否可以实行类似经济单位招标那样的"出榜招贤"办法，我们可以把课题分发到各个有研究能力的单位，一个课题很可能有几个单位的几个人"投标"，都搞出课题研究设计书，按照前面所说的办法进行评定选择，然后把课题交给他，并拨给一定的科研经费。不看他的名望多高，他搞出来的不行就是不行；一个年轻人搞出来的东西有独到的见解，尽管他没有名望，也应该给予肯定。这样才能发现人才，调动大家的积极性。哪个人承担了课题就由他挑选人参加研究。他既可以在本单位挑选，也可以在社会上挑选。这就可以把我们当前社会科学人员不能流动"死水一潭"的问题解决了。如果吉林省社会科学院研究人员都被国家的或省的或外地其他单位的课题组挑选走了，虽然课题不在院里，这也是你们这个社会科学院的光荣。他们完成课题任务的水平、成绩也应该记载在院里。反过来说，如果我们这个院承担不了课题，也可以从外单位、外地挑选人员。长春电影制片厂正在拍摄《谭嗣同》，就是从上海电影制片厂借调达式常扮演谭嗣同的。上海电影制片厂的演员叫人家借走了，说明那里人才荟萃。达式常演得好、得了奖，上影当然会给他一定评价的。

既然是课题，就要根据课题的研究成果达到的水准，承认它们的学术水平。研究报告、政策规划、方案、论文、专著，都是成果。有些可能是对党和国家的建议，又不能公开，也不用写研究报告。有的研究报告可能只写了5000字，而其作用可能比二三十万字的书还高，这就是看它的社会价值了。与之相联系的是牵涉今后学术成果的考核。考核时不能只看他出了几本书、书厚不厚。一个很有价值的研究报告或建议可能只有几千字，但很有可能得第一名的奖金，给他的奖金应不少于写了50万字一本书的稿酬。评定学术职称也应采取这样的标准。

搞经济学研究的可以搞点咨询服务，开始不一定收费，以后也可能收一点儿。中国社会科学院有两种情况。比如，工业经济研究所，我原先在这个所工作过，他们四年给国家上缴了160万元的税，给院上缴了45万元，自己留了60万元，主要是靠电视广播讲座出书和办杂志得来的。首都钢铁公司的改革也是他们参与帮助搞的，并没有收费；重庆综合体制改革试点方案，他们也参与了，也没有收费。但也有收费的，计量经济和技术经济研究所给某个化工厂解决了一些问题，厂子给了几万元的报酬。我们社会科学机构不是经济单位，但是也可办些咨询服务组织，不仅经济学科，其他有些学科，如法学研究所、社会学研究所，等等，也可以搞些咨询服务工作。当然，这要一步一步地搞。上海有个科学学研究所，16个人，他们承担的科研项目完全是收费的。问题是切不可为了赚钱而把我们的研究工作削弱或放弃了。我们基本的任务是搞研究工作，咨询服务也是为了把研究工作搞得更好，能更好地联系实际，更好地为社会服务，而不是以营利为目的。中国社会科学院准备鼓励一些搞应用研究的所搞些咨询服务的机构。

五　地方院所的方针和任务

许多省市社会科学院比中国社科院办得好，生气勃勃，作为地方上的参谋与助手，比我们起的作用大得多。

昨天看了你们给的《社会科学参阅资料》。在1984年第23期上发表的《大力发展地方社会科学事业》一文中，提出了地方社会科学研究机构要有两性：地方性和应用性。说"'立足地方，重在应用'是地方社会科学事业发展的正确的方针。立足地方，就是要面向实际，实事求是，把研究和解决本地区现代化建设中提出的现实问题作为主要课题；重在应用，就是为地方的两个文明建设服务，努力当好地方党和政府的参谋"。这个提法很好。最近几年我走了全国将近一半的省市。大体上照你们提的这个办法办的取得的成效就大，而且地方党和政府也重视本地的社会科学院，给予大力的支持，加强对它的领导。因为你给人家解决了问题，人家才重视你。反过来讲，不是按照这样一个办法去做的，地方党委也不太重视，那里的工作就困难重重，同志们也很苦恼。这是很容易理解的。社会科学这条战线很长，各种学科同现实联系的紧密程度不同；方式也不一样，所以我们说重点应该放在研究和解决现实问题上，并不是说一些古老的学问看来和当前社会主义建设关系似乎比较间接的问题，都不需要研究了。只要是真正有学术价值的研究项目，我们都应当支持，都应当根据其任务的大小配备力量。

每个地方的社会科学院应该办出当地的特色来。邓小平同志讲，要建设有中国特色的社会主义。中国有中国的特色，同样，每个地方也应有每个地方的特色。比如"长白山的开发和利用"，只有吉林省才具有最有利的研究条件，其他省区市是无法同你们比拟的。

立足本区，并不是说就不能够出具有全国水平、全国意义的著作，以至世界性水平的著作。我看，地方的社会科学院立足本区才更有利于拿出具有全国水平的著作。如果你偏要搞全国性的项目，而优势又不在你这里，那么你就很难搞好。要"扬长避短"。我们对本区的情况了解得最多，资料掌握得最多，研究的条件最好，就应该扬这个长处。避什么"短"呢？避我们条件不具备的，不要搞我们力所不及的那些项目。

这并不是说要我们只把眼光放在吉林省。我们应该放眼全国、放眼世界。能和外面协作的尽量协作，能和外面交流的尽量交流。这样才能提高"立足地方"的水平。当然，"立足地方"，也不能理解成只准研究地方性的课题。没有疑问，各地根据自己的条件、自己的力量，发挥自己的优势，在承担地方科研任务的同时，也还可以承担一些全国性的甚至是国际性的科研项目、解决一些全局性的重大问题。

我看，首先东北三省就应当进一步密切协作，也不限于东北三省，也可以和关内有关省份协作，也可以和国外有关方面协作。比如，拿边疆史的研究来说，中国社会科学院承担了边疆史的写作任务，主要是近代史所、历史所和民族所承担的，但光靠中国社会科学院是写不好的。我曾说过好几次，如果不和黑龙江、吉林、辽宁三省合起来研究，怎么能把同苏联等的边疆问题研究清楚呢？

中国社会科学院有苏联东欧研究所，吉林省有苏联研究室，黑龙江省有西伯利亚研究所，重点在哪儿？这就有个分工、适当配备力量的问题。不然就会像工业建设那样，搞了很多厂子，仅是低水平的重复，造成人力、物力上很大的浪费。研究人员本来就少，结果大家都出不了高水平的成果。

"立足地方"并不是说要把自己封闭起来，我们应当是开放式的，不仅要向东北三省开放，向关内开放，还要向国外开放。向国外开放，我觉得有几件事情可以研究一下。

采取图书交换的方法，可以从国外得到很多很多的资料。你们的《社会科学战线》，我到国外访问时，在很多大的研究所都见到过。中国社会科学院情报研究所的外文报刊多是靠外汇订的，而外汇是有限的。有多少外汇订多少报刊，订什么也不是自愿的，而是由中国图书进口公司分配的。这样面就窄了，得到的资料就少了。我觉得比较经济的，既不用外汇又能得到更多的资料的办法，就是资料交换。拿你的《社会科学战线》同世界上大的图书馆、大的研究机构交换，它们是愿意交换的。像美国、日本这些发达国家对中国最感兴趣的是社会科学。我们现在出去的多是搞自然科学的，而它们来的多是搞社会科学的。

在这方面，我们要把眼光放得宽些远些，办法搞得多点儿活点儿。比较切实可行的是采取这种办法。当然，也应该创造些条件，找机会到国外一些地方去搞点儿调查研究。

我提出这些看法，希望得到同志们的指正。

（文中标题系原编者所加）

立足"四化"建设
改进社会科学研究

一

科学,既是反映客观规律的知识体系,又是人们改造自然、改造社会的强大武器,它对社会进步具有巨大的作用。马克思把科学首先看成是人类历史发展的有力的杠杆,看成是最高意义上的革命力量。

科学,可以区分为自然科学(包括技术科学)和社会科学。科学技术的进步是社会经济发展的一个直接的基本因素,也是社会科学发展的一个重要条件。18世纪发生于英国、后来接连发生于世界各"文明"国家的产业革命,从科学技术上的原因来说,正是由于牛顿力学和热学的推广、蒸汽机等一系列机械装备的发明引起的。19世纪电磁学的创立和发电机的产生,使人们进入了电气化的时代。社会生产力的每一次飞跃都是科学技术促进的结果。而且,科学技术的发展影响和改变着人类的思考方式,对传统的宗教、哲学、道德、

本文原载《中州学刊》(双月刊)1984年第4期。

艺术、政治法律乃至审美观点都给予不断的冲击，开拓着社会科学的新的源泉和领域。例如，在近代史上，继哥白尼、伽利略的天体运行对宗教神学的冲击之后，牛顿力学体系深刻地影响了 18 世纪的机械唯物论，直接引起了英、法两国的启蒙运动；达尔文的进化论在英国社会引起了轩然大波，对人类学、社会学等新的社会科学领域的出现创造了有利条件。

社会科学的进步受到自然科学进步很大的影响，并产生于一定的社会经济基础之上，但社会科学的状况如何对科学技术的进步、经济的发展也具有极为重要的作用。众所周知，科学技术是由于社会需要产生的，其应用服从于特定的社会目的，因此，科学技术从本质上来说，是一种社会现象。科学技术的各个发明和发现、社会的每一项经济活动都是通过人们的实践来进行的，而人们的活动受其主观思想动机的支配，打着时代精神的烙印，被当时当地的政策、法令所制约和影响。科研的组织、生产的进行也都依存于一定的社会条件，不能孤立地存在。所以，在考察任何科技、生产活动时，都必须注意该时期、该地区的社会环境、社会思想等因素的作用。18 世纪法国资产阶级思想家提出的对当时社会种种弊端的分析和改革的方案，为法国 1789 年大革命提供了理论武器，进而解放了生产力；斯密、李嘉图的古典经济学的建立，促进了英国资本主义经济的发展和成熟；19 世纪德国古典哲学的完成，对自然科学和社会思想起了相互促进的积极作用；尔后世界各国兴起的共产主义运动以及社会主义国家的革命和建设的伟大成就，都是在马克思主义指导下取得的。在特定的条件下，一定时期的社会制度、社会科学的发展甚至是该时期社会经济技术状况的决定性因素。西方学者认为，社会科学成为独立的科学仅有二百多年的历史，其中经历了两个大的发展阶段：在 18 世纪至 19 世纪这个阶段中，社会科学才开始成为独立的科学；到 20 世纪这个阶段中，社会科学已发展成为经济学、社会学、心理学、人类学、历史学等基础社会科学和政治学、经营学、教育学等应用社会科学一系列学科，形成了日益发展的社会科学体系。大力促进社会科学研究事业，是历史发展的必然要求。

目前，世界上正兴起着一场新的技术革命的热潮，主要表现为信息技术（包括微电子技术、电子计算机和光纤通信等）、生物技术（包括基因工程、细胞工程、酶工程和发酵工程等）、宇航技术的出现和推广，新型材料、新能源、新技术的开发和应用。和以往的技术革命与产业革命一样，它将给人类社会带来巨大的变革。这对于我国的四化建设来说，既是一个机会，也是一场挑战。60 年代，许多国家利用科学技术的进步发展起来了，我们却在搞"文化大革命"，错过了一个良好的发展机会。近几年我国经济发展较快，但由于我们是一个发展中国家，生产力和科学技术水平较低，同西方发达国家差距很大。因此，面对新的技术革命，"我们应该抓住时机，有选择地应用新的科技成果，加快我国现代化建设的进程，缩小同发达国家在经济、技术上的差距"（六届人大二次会议上的《政府工作报告》）。

在这种形势下，加快我国社会主义现代化建设的进程，必然会给予社会科学的发展以很大的影响。新的科学技术的采用，将使我国社会科学的研究内容、研究方式、方法和利用的工具有重大的改进。比如，由个人的单科研究到采取跨学科的集体攻关；计算机、微处理机、缩微胶卷、复印机等新的技术成果，正为社会科学的研究提供着许多便利。而且，科学技术革命对社会的影响主要是通过产业革命来实现的，这样，新的技术革命推动了产业革命，同时又引起社会的一系列变革。"四个现代化"建设对我国现阶段和未来的社会影响，涉及劳动、就业、教育、文化、艺术、阶级关系、政治经济体制和国际关系等各个方面，进而使得社会科学研究的对象、结构、目标、规划、组织等发生深刻变化。举例来说，新的科学技术改变着经济活动及劳动产品的形式，改变着人类衣、食、住、行等物质生活内容和生活方式，随之而来的在社会科学研究方面出现了科学学、未来学、决策学、信息论、控制论、系统论等新的学科群。传统的学科本身也发生了变化，经济预测学就是经济学和新兴的预测学相结合的产物。研究社会的课题越来越深入、范围越来越广泛，将推动社会科学研究事业蓬蓬勃勃地向前发展。

随着经济的发展，社会科学在"四个现代化"建设中的地位和作用也在不断地加强。社会科学的不断进步及其成果在社会实践中的应用，与其他科学例如自然科学、技术科学等之间联系的日益密切，极大地提高了它的进展程度。列宁在1914年曾指出，配第时代和马克思时代，存在着从自然科学流向社会科学的强大知识流，20世纪初又得到进一步加强。今天，这两大学科相互交流、相互渗透的趋势，更为突出。比如，自然科学、技术科学的社会化和经济学化，就是一例。在迎接新的技术革命的挑战、进行"四化"建设中，我们党和政府的任何一项重大决策都离不开自然科学，同时也都离不开社会科学。实际上，我们党的机关也好，政府机关也好，所进行的工作，其科学依据就是自然科学和社会科学。在一定意义上说，我们的党政工作人员都是搞社会科学的。我们要实现社会主义现代化这一宏伟目标，既需要自然科学理论的指导，也需要社会科学理论的指导。而自然科学、工程技术（如国土治理、生态平衡、南水北调、运载火箭等）这方面的最终决策，也就是说，就自然科学来说，在技术上是可行的、是符合自然科学规律的，但在社会实践中能否取得效益，还需要应用社会科学来研究其是否可行。可以说，社会主义"四化"建设中的任何一项重大的决策都需要社会科学的论证。

新的"技术革命"的出现和发展，使得发达的资本主义国家的生产和经济出现了新情况、新特点，西方资产阶级学者形形色色的社会科学也应运而生，这就需要我们用马克思主义的立场、观点和方法，对其进行认真的剖析、去伪存真，才能正确地认识它的实质、吸收其合乎科学的东西、批判其反对科学的东西，从而促进社会主义物质文明和精神文明的建设。无疑，在新的历史条件下，社会科学研究者的任务是非常繁重而艰巨的。

二

党的十一届三中全会以来，我国的社会科学事业发展很快，但还远远不能适应实现党的十二大提出的全面开创社会主义现代化建设新局面的伟大历史任务和世界新的技术革命发展的要求：科研队伍小，思想、理论素质需要尽快提高；许多新的领域尚未有人研究或很少研究；不少同志的研究方向不能面向实际，和"四化"建设联系不够紧；研究的方式、方法，存在着许多缺陷；科研的组织、规划、管理方面也不完善、合理，如此等等。所以，我们必须从社会主义现代化建设的需要出发，改进我国的社会科学研究工作。以下我谈一些粗浅的看法：

（一）关于科研的选题、规划和组织

搞科研最重要的是选好课题，因为这是关系科研方向的大事。正如进行生产必须首先保证其产品符合社会需要那样，搞社会科学研究也必须与社会需要相吻合，才能被社会所承认、所接受。当前我国的社会需要集中地表现为社会主义现代化建设的需要，因此，社会科学研究要面向社会主义现代化，这也是邓小平同志反复指出的。所以，社会科学研究课题必须体现为社会主义现代化服务的方向。过去我们选题，多数是根据个人的兴趣和特长进行的，有些能满足国家的、社会的需要，但有相当大的部分难以与国家的、社会的需要相适应。由于科研工作者个人，有时不甚了解国家科研项目的重点和社会的迫切需要。因而，研究课题的选择和确定，必须采取由上而下和由下而上相结合的方法来解决。科研领导单位的一个重要任务就是出好研究课题。

制定科研规划很重要，它要求必须立足于社会主义现代化需要。规划要分层次地搞，分国家的项目、省的项目、院和所的项目。搞科研规划，如果借用经济术语来讲，也应以"计划经济为主，市场调节为辅"。就是说，社会科学研究要以国家和社会需要的课题为主。如何体现这个为主呢？那就是在科研项目的比例上，国家的、省的、院的、所的项目应占科研规划的大多数，不能尽搞个人有兴趣而社会并不需要的课题。当然，科研领导单位在制定规划的时候，应当充分发挥每个科研

工作者的专长和积极性、创造性。要加强应用研究，也要重视基础研究。基础理论的研究要尽可能地考虑为应用服务。特别是地方的社会科学研究规划，要从地方政府领导"四化"建设的需要出发，重点解决本地区"四化"建设中的重大理论问题和实际问题。

科研规划制定出来了，为了保证实施，就必须进行组织、协调。社会科学研究的协调是一个连续不断的过程，组织的方式、方法也要适时改进。跨学科的综合性研究是当前科研的一个显著特点。按照科研课题建立跨学科的研究小组，通过动员和组织各有关学科的社会科学家、自然科学家、工程技术人员一起攻关，这样才能对综合性的重大课题有新的突破。这种做法在国际上已很普遍。我们要研究社会主义物质文明和精神文明建设的大题目，就不是一个人、一个学科所能承担得了的。大题目涉及相当多的学科，应组织有关学科的人集体攻关。组织科研活动也是一门科学，需要在实践中认真地加以总结、掌握它的规律，以提高科研工作的管理水平。

现在社会科学研究的力量不足，解决这个问题的办法之一，是聘请退休老干部中有丰富经验、有理论修养，又有兴趣从事科研工作的老同志为特邀研究人员。历史上有些有学术价值的著作，曾经是当过官的人在退休之后总结自己的经历而写的，如贾思勰的《齐民要术》、沈括的《梦溪笔谈》、王祯的《农书》、徐光启的《农政全书》，等等。我们的老同志也应当尽可能把自己的经验整理出来，写出有价值的著作，这将是对社会主义现代化建设事业的重大贡献。

（二）关于科研方法和知识更新

社会科学的研究方法是一个有待探讨的新课题。采用先进的、正确的方法是提高科研效率的重要途径。广义上讲，社会科学研究的科学方法包括研究对象（即课题）的正确选择、科研工作的合理组织、研究方式的适当采纳（比方说，是抽象法还是历史法，是归纳法还是演绎法，以及其他方法，或者几种相结合等，这是狭义意义上的研究方法）、先进科研工具（例如电子计算机）的应用，等等。

值得注意的是，使用数学方法对社会科学问题进行定量研究应当引起我们高度的重视，它已成为任何一门社会科学的研究精确化的象征。在我们现实生活中，客观上存在着大量的数据，它反映着社会现象之间的数量关系和复杂结构。而数学正是人们用以描述客观世界运动形式及其数量关系的一门学问。因此，在定性研究的同时，掌握数学方法并运用它对社会中的大量数据加以定量分析，才可能使我们对复杂的社会现象进行深入而广泛的研究并通过定性的分析得出正确的结论。根据美国社会学家贝尔的看法，20 世纪以来在社会科学方面的 62 项重大成果中，定量的研究（或者兼有）占 2/3，而这些定量研究中的 5/6 又是在 1930 年以后做出的，主要是数学和统计方法的革新，或者是由定量分析推导出来的理论。[①] 这种说法不一定很准确，但是，它表现了当代社会科学不仅要重视定性研究，而且要向定量化研究发展的趋势。目前对任何一项重大的经济活动，只有定性分析而无定量分析，就无法进行正确的决

---

① 参见［美］D. 贝尔《第二次世界大战以来的社会科学》，第 4 页表一。

策。而现在我国相当部分的社会科学理论工作者，一般地说都是缺乏数学和统计知识的。这种情况迫切需要改变。当然，我们强调定量分析，并不是说定性分析不重要。在马克思主义的社会科学中，定性分析是带有决定意义的，定量分析要在定性分析的指导下进行。否则，社会现象的本质还弄不清楚，就热衷于定量分析，一定会走到邪路上去。

社会科学不能单单依靠自身而发展，它与自然科学、技术科学的发展密切相关，带有综合性。事实上，人类对客观世界的认识历来存在着两种趋向：一种表现为知识的整体化、综合过程；另一种表现为知识的专门化、分化过程。整体化过程表现为当代科学发展的主要趋向，因此使得科学发展中综合性在第二次世界大战后的社会科学研究里的趋势明显增长。而且，目前科学的整体化是在高度专门化基础上的高度整体化，知识的分化表现为在传统学科的基础上出现了大量的分支学科及与其他学科结合形成的新学科。例如经济学这门传统的学科现在繁衍成众多的分支：政治经济学、经济史学、工业经济学、农业经济学、流通经济学等，同时经济学与统计科学结合形成经济统计学，与数学结合形成计量经济学等边缘学科。前一种分化表明科学由单线走向多分支，后一种分化表明科学由隔离分立走向跨学科研究。跨学科综合性研究打破了科学研究中对象的单一性与孤立性，使以往学科间彼此封闭的状态变成多值的关系与多维的关系。这反映了社会科学各学科之间、社会科学与自然科学等学科之间都是相互渗透、相互联系、相互依赖的。所以，我们要大力提倡进行综合性研究；要充分重视社会科学本身各学科研究之间的互相配合，社会科学研究要同自然科学紧密地结合起来；每个社会科学研究工作者的知识要广博,不仅要精通本学科的社会科学,而且要懂得相关的学科的社会科学与自然科学的知识;在研究中不要局限于单一的学科,要善于利用其他学科的研究成果和研究方法来说明本学科的问题,善于同其他学科的研究工作者共同探讨现实中的重大社会经济问题;要注意选择边缘学科、新兴学科来进行研究,因为它们往往反映了社会研究的新需要,而这些目前在我国还是一个薄弱的方面。

社会发展的综合研究的趋势及新兴学科的不断涌现,要求我们必须经常地进行知识更新。人的一生是短暂的,而知识的积累则是无限的。随着科学技术的发展,知识积累的速度在逐步加快,为了获得最佳、最适用的科学信息,就需要相应地学习新的知识,改变自己的知识结构。只有用新的认识代替旧的认识,用新的知识充实几千年来积累的有用的知识,我们的知识才能不断地丰富和提高,对客观世界的认识才能一步步地升华,才能选择新的科研领域使之适应时代的需要。最近陈云同志讲管理人员要知识更新,这也是我们社会科学研究者面临的一项极为重要的任务。

(三) 关于科研成果的鉴定与学术职称的评定

从事任何活动都有利益关系。人,有了动力,有了积极性,才能做好工作。搞社会科学研究也是如此。现在进行生产,提倡企业的经营效果好坏同生产者所获得的物质利益多寡联系起来,搞科研怎样才能把研究单位的成就大小与研究人员的积极性结合起来,值得认真地研究。这里,搞好科研成果的鉴定与学术职称的评定,是调动科研人员的科研积极性的关键所在。科研成果的鉴定标准和学术职称的评定形式与科研人员的研究方向及成效的大小密切相关，也可以说，这是如何把科研人员的研究同社会主义"四化"建设的需要联结好的一个枢纽点，必须给予高度重视。

鉴定研究成果的标准是什么？过去往往以是否出书为标准，这不免有些片面。当然，大部头的书出来了，的确是项成果，但这本书的学术价值怎样、对社会主义物质文明和精神文明建设的效果怎样，需要认真加以考虑。社会科学研究学术价值的大小主要应以社会效果即主要以它对社会主义物质文明和精神文明建设的作用大小、作用好坏作为鉴定研究成果的标准，不要管它是什么形式、什么体裁，要不拘一格。现在，河南省社会科学院进行的经济与社会发展战略的研究，是给省委的决策提供建议的，就不一定要写大部头的书，写几千字或万把字的研究报告也许就可以了。这种报告如果写得好，它的价值并不一定次于大部头的书。研究人员当然要努力写出有学术价值的大部头书，但是，研究报告只要是真有学术价值的，照样可以作为评定研究员、副研究员的学术成果的依据。而且这种报告照样也可以写成书。

在评定职称时，考核的标准同样不能只看论文的多少或书的部头的大小，而主要是看其研究的东西具有什么价值。有价值的东西不一定是大部头。调查报告中提出的建议被党、政机关采纳了而且是行之有效的，我们就要承认它的价值。有的编了资料，如果它收集了前人从来没有收集到的资料，有新的发现，有新的见解，也同样应该肯定它的价值，给予一定的学术地位。验证社会科学研究成果正确与否和价值高低需要有个过程，这一点与自然科学有很大的不同。自然科学的科研成果经过实验室的检验能较快地得出结论，而社会科学则不同，它需要较长的社会实践才能有正确的结论。一定时期的社会科学研究成果能否被承认与当时当地的政治形势息息相关，每项科研成果都受到特定环境的影响。但是，社会实践已经证明是正确的，其学术价值就要给予肯定。

还需要指出的是，过去评定职称往往侧重资历，资历的深浅在一定意义上固然可以说明知识掌握、经验积累的程度，但不能完全确认其研究能力的大小。历史上不少水平很高的社会科学成果是年轻的科研人员创造的。马克思、恩格斯在不到30岁的时候就写出了《共产党宣言》这样千古不朽的社会科学著作。至于三十几岁，甚至二十几岁就当了研究员、教授的事例那就更多了。我们一定要打破论资排辈的旧习，使职称的评定有利于培养人才、发现人才，有利于社会主义现代化建设。

（四）关于突出本地特色和借鉴外国经验

这里，主要谈一谈省级社会科学院、所社会科学研究的特点问题。目前我国各省、市、区都建立了社会科学院，发展也很快。在为社会主义"四化"服务的大前提下，省、市、区社会科学院、所研究的主要注意力到底要放在哪里呢？依我看来，主要应该放在解决本省、本区、本市社会主义现代化建设的重大理论问题和实际问题上。这并不是说对国家的、外省的、外区的、外市的以至外国的科研活动可以置若罔闻、漠不关心。毫无疑问，这些都应关心，都应搞好。但是，重点应当放在本省、本区、本市，要具有当地的特色。这样做，才能有创造性。以河南省来说，该省素有"中州"之称，是中华民族文化的摇篮，在史学研究方面具有得天独厚的条件，商、东周、魏、晋、宋等朝代的古都都在河南，考古方面尤其占优势，看来河南加强考古研究工作大有必要。中国社会科学院考古研究所就在河南设有两个点。再则，历史上著名的思想家如子产、老子、贾谊、程颐、程颢等都是中州人，思想史的研究同样是很有前途的。河南既有矿产资源丰富的山区，又有富饶广阔无垠的平原，经济发展的潜力很大，搞经济研究的同志一定要结合本省的具体条件，当好省委、省政府的参谋，为开发河南、建设河南献计献策。总之，省级院、所要为本省服务，搞研究要具有本地的特色，又要为全国的社会主义"四化"建设贡献力量；能够创造性地解决本省社会主义现代化建设的重大理论问题和实际问题，那就具有了全国的水平，甚至还可以进入世界先进水平的行列。

近些年来，国外学者对我国的社会科学各方面的研究都很关注。我到国外去考察，外国对河南的考古就很感兴趣。而且，他们对中国的研究也十分广泛，如日本，对我国的历史、文学的研究是比较深的。同国外一些相关的学术单位建立必要的联系，有助于促进我国社会科学研究事业的发展。了解和掌握国际学术动态和新的成果，对社会科学来说，也很重要。为了社会主义"四化"建设，要研究外国的文化、历史、社会状况及经济建设的经验教训，不进行交流是不行的。这几年我国对国外经济体制改革和经济管理进行了较多的研究，吸取其经验教训，结合我国的具体情况，对我国的经济体制和经济管理进行了多方面的探索和改革，使我国经济形势出现了可喜的局面。所以，一定要注意借鉴外国社会科学方面的成果和经验。中国社会科学院最近就准备组织自己的情报所和有关的研究所，对国外流行的社会科学方面的思潮、有代表性的畅销书做些介绍和评价，这样可以使大家的眼界更开阔一些，思想更活跃一些。但是，我们还要注意另一种倾向。不久之前，有一个单位的研究生对我讲，马克思主义已经过时了，托夫勒的《第三次浪潮》的思想是最正确的思想。这说明我们在介绍西方的社会思潮时，一定要做出正确的评价，使人们有鉴别地了解这些东西。现在西方的一些理论观点如存在主义、结构主义、"西方马克思主义"，等等，对我们的部分同志特别是一些青年同志有一定影响。如果我们的理论工作者对此进行深入的研究，拿出能令人心服的评论文章，就能使这些人摆脱西方资产阶级思潮的影响，坚信马克思主义真理。当然，马克思主义的形成是集人类智慧之大成，包括资产阶级学者的好东西。马克思逝世一百多年了，马克思主义要发展是毫无疑问的，这就需要我们把当代人类社会实践的新经验，以及各种思想理论加以分析综合，对其中合乎历史发展规律的东西加以消化，形成自己的东西。然而，马克思主义要发展并不是指它的基本的立场、观点和方法已经不适用了。我们应用的是马克思主义认识世界、改造世界的立场、观点和方法，而不是它对某个具体问题的结论。马克思当然不可能对我们目前所面临的各种社会科学问题给予现成的答案，我们应该用他的立场、观点和方法对新的事物进行研究，得出新的正确的结论来，这也就是对马克思主义新的发展。坚持和发展马克思主义，是历史赋予我们从事社会科学研究者的光荣而伟大的使命。

在社会科学研究方面，需要改革的方面很多。现在一些科研单位搞体制改革，取得了很好的效果。我们应当学习这些单位的先进经验，结合社会科学研究的具体特点，加速改革工作的进行，开创社会科学研究的新局面。

抓紧时机
迎接世界新技术革命的挑战[*]

目前，世界上出现了一个新的技术革命的热潮。在美、日、西欧一些工业发达国家，谈论这个问题的人很多。有的把它叫作第三次或第四次工业革命，或者叫作产业革命；有的叫技术革命，也有的叫第三次浪潮；还有的叫信息社会的。说法很不一样。关于这个新的技术革命究竟到来没有？说法也不一致。有的说已经到来，有的说正在到来，有的说将要到来。什么时候到来，看法也不同。不管怎样说，却有一个共同点，就是所有这些说法，都反映了一个新的情况、新的现象。就是在目前的世界上，特别是在经济发达国家，出现了新的技术群、新的产业群。这些新的技术、新的产业正在发达国家中以不同的规模和速度在运用、在发展。我们应当看到这一客观事实，了解这种信息，而不能闭目塞听。至于怎样称呼它、分析它、评价它、应用它，那是可以讨论的。

毫无疑问，目前出现的这种新情况，对于实现社会主义现代化的我国来说，是应该密切注意的。下面谈四个问题。

---

　　* 本文原载《科研管理》（季刊）1984 年第 4 期。

一 目前世界上出现的新的技术、 新的产业及其特点

最近 30 年来，科学技术发展非常快，出现了一批新的技术和新的产业。其中集中体现了世界科技发展最新成就的，有信息技术、生物技术、新材料技术、新能源技术、宇航技术、海洋工程技术，等等。其中最突出、最活跃的，对发达国家经济社会生活影响最大的是信息技术。

信息技术主要包括微电子技术、电子计算机、光纤通信、激光通信，等等。微电子技术里，最重要的器件是集成电路。目前世界上 64K 的大规模的集成电路，早已商品化。现在正在研制 256K 和 1024K 的大型集成电路。在这方面我国和世界先进水平还有相当差距。生物技术最重要的是这几个方面：基因工程、细胞工程、酶工程、发酵工程（也称微生物工程），这和我们的农业、工业的发展，有密切的关系。我国发酵工程有几千年的历史，是传统的方法，和现代发酵工程有很大差距。这方面的应用，对发展农业，改良品种（不论是植物品种，还是动物品种）都有很广阔的前景；对食品工业、医药工业的发展，意义也是很大的。再就是新的材料。这里最重要的是关于信息的材料、单晶硅、光导纤维、半导体材料、光学纤维材料，等等。新能源方面的材料，包括太阳能接收材料、高密度储能材料、超导体材料，等等。还有特殊用途的结构材料和新型的功能材料，高效能的结构复合材料，如碳纤维、增强树脂、高性能的工程塑料、分离膜、新型合金，等等。增强树脂材料就比我们普通的钢材强度高三倍。还有新能源，最主要的

是太阳能、生物能、核聚变，等等。最后说说海洋开发技术。海洋面积非常广阔，海洋是各种物资的巨大宝库，它可以给我们提供食物、矿物、能源等丰富的资源。如海水含铀量40亿吨，相当于陆地储量的4000倍，含金量等于陆地储量的170倍。目前海洋提供的矿物在世界经济中所占比重为：锆占100%，钛占80%，镁占60%，锡占40%，石油占25%。世界海洋经济的总产值1980年为2500亿—2800亿美元，短短的12年增长22倍。我国对海洋的开发也开始进行，当然是初步的。

上面所说的新的技术和新的产业的发展，如果和历史上的几次技术革命相比较，究竟有些什么特点呢？这是需要我们认真研究的问题。从现在已看到的情况来说，至少有五个特点：

第一，这次新的技术、新的产业的发展是一群一群出现的，一下子就出现了许多新技术和新产业，所以现在叫新的技术群、新的产业群。不像过去产业革命时英国的纺织机、蒸汽机那样以单一的形式出现。

第二，这次虽然出现的是新的技术群、新的产业群，但在这一群中间也有带头的技术和产业，这就是信息技术和信息产业，包括电子技术、电子计算机、微电子、光纤通信、激光以及整个信息系统。

第三，这一新的技术群和产业群的重要特征之一，是以知识和技术的密集形态出现的。如美国加州附近生产硅片的"硅谷"，过去是个果园，现在这个地方的半导体产量占全世界总产量的1/5，聚集了大量的科学技术人才。美国11家大公司在这里都有它的实验室和工厂。美国著名的斯坦福大学和加州大学贝克莱分校的大批教学人员、科研人员以及实验机构都集中在这个地方。学校的科研人员、工厂的科研人员和其他研究单位的科研人员结合在一起进行活动。这个地方从事工程技术工作的人员比从事具体生产活动的人要多得多，"白领"大大多于"蓝领"。当然，技术和知识的密集也意味着资金的密集，投资是相当集中的。

第四，这种新技术、新产业的发展比以往的技术革命要快得多。以往每一种重要的新技术的出现，都需要几十年，甚至更长的时间，而现在一个新技术接着一个新技术出现，时间大大缩短。如1942年第一个原子反应堆出现，1946年电子计算机出现，1957年人造地球卫星上天，1959年集成电路出现，1960年新的光源激光诞生，1973年实现遗传基因的剪接和重组。就集成电路来说，集成度每年增加一倍，成本每两年降低一半。原材料、设备、工艺，每3年更新换代一次。电子计算机从诞生到现在已是第五代了。每6年电子计算机运转的速度提高10倍，存储量增加20倍，价格降低40倍。如果拿第一台电子计算机与现在同样功能的电子计算机比较，30年来它的体积缩小到三万分之一，价格降低到万分之一，运转速度增加30多万倍。同样一个产品都在日新月异地发展，更不用说增加新品种了。

第五，新技术、新产业的出现，首先引起了产业结构和社会结构的一些变化。以美国为例，钢铁、造船、纺织等传统工业这些年都不景气，在趋向衰落，他们称为"夕阳工业"。那些新产业像早晨八九点钟的太阳，蒸蒸日上，他们称为"朝阳工业"。在产业结构方面发生相当大的变化。其次是社会结构的变化。技术密集的产业多了，为它服务的产业多了，社会结构也就相应地发生了变化。美国把社会结构划分为第一产业、第二产业和第三产业，现在又开辟了第四产业，叫信息产业。

一百年前，美国从业人员第一产业占50%，第二产业占36%，第三产业占14%，那时第三产业很少。到1976年，第一产业占4%，主要是农业，第二产业占29%，第三产业占67%，其中信息产业占50%。还可以从农业劳动人口看，美国农业劳动人口1790年占全国总劳动人口的90%，比我们现在还多；1973年下降到4%；到1982年下降到2.6%。这当然是指直接从事农业劳动的，产前、产后为农业服务的产业，比如种子、饲料、肥料的供给和农产品的加工都不算在内。如果拿"蓝领"和"白领"来划分的话，1950年"白领"占36%，直接在生产线上工作的所谓"蓝领"占41%，到1980年"白领"占50%，"蓝领"占32%。这是很大的变化。产业的变化使生产力的地区分布也发生了变化。过去发达的北部地区、东部地区，现在趋向衰落；而西部地区、南部地区则在兴盛。企业的规模也在发生变化，过去大企业多，现在中小企业多。上述种种变化，美国表现得最突出，其他发达国家也存在类似的趋势。

对上面这种情况，我们如果不注意，不研究，不奋发努力，采取正确的办法，奋起直追，人家就会不断前进，我们就会落在后面。

关于如何迎接世界新的技术革命，胡耀邦同志曾经做过这样一些重要的指示：我们的同志当中，认真在追求新的现代化科学知识的人，并且把这些新知识同如何改变我国现状联系起来考察的人，一天一天多起来，这是非常值得庆幸的大好信息。但是我们必须注意到，现在还确有更多的领导者，首先是某些做经济工作的负责干部，对新的现代化科学知识基本上没有多少兴趣，有的人以内行自居，对世界上的新鲜事物根本不放在眼里，某些人甚至把当代人类创造出来的新成果当作异端邪说，看成是资本主义的糖衣炮弹。情况是不是这样呢？如果是，那么经济战线广大干部教育的一个主要任务，是应当向愚昧做斗争，还是主要向什么所谓"自由化"做斗争呢？政治思想上的资产阶级自由化确有，必须好好防止和克服；但经济战线情况如何，还应做恰如其分的具体分析。这是我们大家要严肃考虑的问题。我们一定要按照胡耀邦同志指示的精神，高度重视这个问题。随时询问、打听、追踪和研究这个问题，提出我们正确的行动对策。

二　西方经济学家、社会学家、未来学家对新技术、新产业发展的评价

随着新技术、新产业的出现和发展，西方形形色色的社会科学理论也就应运而生。下面介绍六种有代表性的理论和观点。

（一）长波理论

这是苏联经济学家康德拉季耶夫提出的。他在 1928 年出版了《大经济循环》一书，认为经济发展大体 50 年一循环。开始 15 年是衰退期，接着 20 年是大投资期，再后 10 年是过渡建设期，最后 5 年是经济混乱时期；然后又导致下一个 15 年的衰退期。他的理论当时没有引起世界上很大的重视。他死后，这个理论被称为"康氏波"，在西方世界非常流行。

西方世界有一个著名的经济学家，叫约瑟夫·阿洛伊·熊彼特，写了一本《经济循环论》，也叫"中波""短波"循环。

他的循环理论是以康德拉季耶夫的大循环论为基础的，当然也吸收了其他经济学家关于经济循环的理论。他认为 10 年一个循环周期，称作"中波"；40 个月又是一个循环周期，称做"短波"。这个理论的基本意思是资本主义每一次经济衰退都意味着下一次的繁荣。资本主义制度就是在这种繁荣、萧条的反复循环中长期存在的。但是熊彼特的理论也确有可取之处，他认为，西方世界的每一次经济繁荣都是和新技术的出现、新技术的应用结合在一起的。这种观点值得我们重视。至于他把资本主义作为永世长存的制度，那我们是不能接受的。

（二）经济成长阶段论

这是美国经济学家华尔特·惠特曼·罗斯托提出来的。他当过美国总统的顾问，1960 年写过一本《经济成长的阶段》。这本书认为经济发展共有六个阶段：

第一阶段是"传统社会阶段"。主要划分是以牛顿学说的出现为界线。在牛顿学说出现以前的社会叫传统社会阶段，牛顿学说产生以后进入新的社会。

第二阶段是"准备起飞阶段"。即以农业为主的社会转变为以工业为主的社会阶段。

第三阶段是"起飞阶段"。即经济由落后向先进阶段起飞，生产性投资率提高，制造部门有更快的发展。

第四阶段是"向成熟推进的阶段"。社会已把当时的现代技术有效地运用于它的大部分资源的时期，工业向多样化发展，新的主导部门代替旧的主导部门。

第五阶段是"高额群众消费阶段"。经济的主导部门转到耐用消费方面，廉价汽车对社会的期望造成"非常革命性"的影响。他认为群众高额消费，对美国成长的推动力到1956年已到极限。

第六阶段是"追求生活质量的阶段"。这一阶段遇到一系列问题，如自然、环境污染，交通拥塞，市政设施落后，贫民区的存在，黑人对社会的不满，高收入家庭的青年对生活方式的不满。他认为这一阶段经济的主导部门从耐用消费品转到服务与环保部门等所谓生活质量部门，它不是提供物质产品，而是提供劳务，人们追求的不是物质享受而是精神享受，等等。

他认为美国目前已处于第六阶段。他划分社会的标准有时按科技水平，有时按消费水平，有时按服务质量，而不是按生产关系。他的书副标题是"非共产党宣言"，意思是不要共产主义，由此也可看出他的政治倾向。

（三）后工业社会

这是美国社会学家丹尼尔·贝尔提出的。他写了一本《后工业社会》，认为美国已到了工业社会以后的社会。这也是60年代提出来的。他认为后工业社会是从产业劳动的社会转到了服务性的社会。工业社会是产业劳动，以产业为主，后工业社会以服务为主。他的这种理论认为，理论知识的积累和传播是变革的直接力量，他强调技术对经济社会发展的推动作用，这是值得我们注意的。但他也提出很多需要讨论的问题，例如，作为人类社会生活基础的物质，已不占主要地位，而服务则占主要地位；他承认美国工业社会的领导层是企业主，但到了后工业社会，企业主不是社会的领导层了，将由科技人员来领导这个社会。这些都是脱离实际的幻想，很难设想资产阶级会很乐意地放弃这种领导权。

（四）所谓"第三次浪潮"

它是阿尔温·托夫勒提出的理论。托夫勒是未来学家，1980 年出版了《第三次浪潮》。书中认为人类经历了两次革命，即两个浪潮，现在正经历着第三次浪潮。第一次浪潮是农业革命，由原始渔猎业社会变成了农业社会。第二次浪潮是工业革命，把农业社会变成了工业社会。第三次浪潮是信息革命，把工业社会变为信息社会。他认为现在处于信息革命和知识革命的浪潮中间，社会的发展将是多样化、个人化、小型化的。他列举了科学技术，特别是信息技术革命给人类社会生产和生活带来的巨大影响，这是有参考价值的。但是，在他看来社会的发展与生产关系和社会制度没有什么关系。这是忽视或反对历史唯物主义关于社会发展规律的论点的。

（五）所谓"大趋势"

这是美国经济学家、社会学家奈斯贝克提出的。他是美国《趋势报告》季刊的发行人，曾在白宫任职。他在 1982 年写过一本《大趋势》，讲了十个趋势，其中最重要的趋势是工业社会要变成信息社会。美国现在正由工业社会变成信息社会，在信息社会里起决定作用的不是资本而是信息和知识。他强调信息和知识在经济发展中的作用，这是值得我们研究的。但是，他说将来资本不起决定作用，而是信息起决定作用，这个观点需要讨论。他也承认信息社会里可能问题很多，信息常常被人偷走，人和人的关系将会恶化，纠纷、诉讼会更多。

（六）信息经济论

这是美国一个有名的企业家约翰·霍肯提出的，他写了一本《下一个经济》。他把下一个经济称为信息经济，在这之前的经济叫物质经济，是讲物质的，以后的经济是讲信息的。他说"物质经济"是工业化时期的经济，是以大规模地使用和消耗原料、资源和能源为基础的，其特征是机械化；而信息经济则是减少产品和劳动中的物质消耗，提高其中智能和信息比重的经济。这些是值得注意的。但是物质生产是人类社会生活的基础，人类是否只靠信息不要物质就能生活呢？

对于上述种种理论，我们应当以马克思主义的立场、观点、方法，对它们进行剖析。对于合乎科学的东西，我们当然要加以吸收；对于违反科学的东西，我们就不能吸收。综观西方资产阶级学者的各种理论，不难看出一个共同的特点。就是在资本主义经济社会困难重重的情况下，资产阶级的学者们都在费尽心机，想要说明资本主义危机不是不可避免的，资本主义制度也不是注定要灭亡的。于是他们都把希望寄托在一次新的技术革命或产业革命上面，幻想这个革命一旦出现，就会迎来一个所谓"奇妙的新时代"，这样就可以使资本主义制度永世长存了。从本质来讲，这些理论都是掩饰资本主义根本矛盾的，不赞成或者反对马克思主义关于资本主义制度终将为社会主义制度所代替的理论。对于这一点，我们应当有清醒的认识，采取科学的分析批判的态度。但是他们关于科学技术将产生重大突破的预测，特别是对那些现在已经或将要突破的新技术应用于生产，将带来社会生产力的新发展、社会生活的新变化，却是值得我们重视的。在这方面，以下几点需要我们认真地进行研究。

第一，新兴技术的发展和应用，将带来生产力的飞跃和产业结构的变化。在本世纪末或者几十年内，现在已经突破和将要突破的新兴技术，将广泛得到应用，从而提高劳动生产率。新兴产业群将会迅速成长壮大，虽然传统产业不可能也不应当完全被取代，但是在整个国民经济中新兴产业所占比重将会有大幅度增长。

第二，知识越来越成为生产力、竞争力和经济成就的关键。工业化时期的经济是以大规模使用与消耗原材料和能源为基础的。现在可以利用更多的知识来制造更好的产品、提供更好的服务，增加产品和劳务中信息的比重，减少物质消耗的比重。在这里，信息就是体现在产品和劳务中的设计、效用、技巧上的知识，信息本身也是产品的一部分。

技术和管理的进步都依靠于知识，甚至国家的决策也只有靠掌握大量信息、运用各种决策技术，才能提高和确保它的科学性、合理性。

第三，信息技术也将大大提高人类思维劳动的效率，导致劳动方式的巨大变化。18 世纪下半叶开始的产业革命，开创了利用机械代替人类体力劳动的时代。这是劳动方式上的一次革命。现在的信息技术，开创了利用机械部分代替人类脑力劳动的时代。电子计算机的广泛应用、信息库、信息网络的发展，将有助于知识的产生和传播，促进劳动生产率的提高。

第四，管理体制的改革是促进技术与经济发展的重要条件。适应能力强的中小企业的兴起，风险投资的发展，技术密集区的形成等，推动了新兴技术的开发应用与新兴产业的迅速发展。工业企业的生产组织和各种社会事业的管理，由于系统工程与电子计算机的结合，正在不断发生变化。

第五，经济和技术的变革，将引起就业机会、利润、世界市场的激烈竞争。一些发达国家企图寻求克服结构性失业危机的途径，力争在生产率和技术创新上取得优势。不少发展中国家也在采取措施，争取缩小技术差距，应付在进出口贸易和国际经济关系中将会遇到的新的压力。

三 新技术、新产业的发展对发达国家和发展中国家经济社会的影响和它们准备采取的对策

当然，影响最大的是经济发达的美国。前面说过，新技术、新产业的发展引起它的产业结构、生产力地区分布、企业组织、社会结构等变化，这里不再重述。至于对人们工作和生活的影响，以电子技术为例，已渗透到人们活动的各个方面：从科研、生产过程的控制、工厂管理、交通运输、商业流通、医疗卫生、文化教育到家庭生活等都离不开电子技术。

日本也发生了与美国相类似的变化。过去的造船工业、钢铁工业、化肥工业、造纸工业等，其产品又重、又厚、又长、又大；现在把产品改为又轻、又薄、又短、又小，或者向机器人这类高技术产品发展。随着产品结构的变化，它的工业布局也在变化。日本在60年代，工业布局是"临海型"，在日本沿海建立起大的工业基地。现在日本已不是向临海发展，而是准

备向临空发展。就是临各航空港发展轻型、小型工厂。这些工厂当然是信息工业、电子工业。它的产品和器材很轻，一架飞机就可以把好多器材和产品运走。随着工业布局的变化，交通运输也大大改变了。1965—1972 年，日本经济实际增长率为10% 稍多一点，而货运量增长率则为 12% ，超过了经济的增长。但是 1972—1982 年，经济的实际增长是 4% ，货运量却只增长了 2‰。这也说明：器材和产品都朝轻、薄、短、小方向发展。随着产品结构的变化，出口结构也变了。1973 年日本出口商品每挣回 100 万日元，需要出口 5.6 吨货物，1982 年只要出口 2.4 吨就可以挣回同样价值的日元。他们现在搞创汇高、体积小、重量轻的尖端技术集约型产品，即价值高的产品。这种产品的出口量是不断增加的。1976—1981 年，录像机的出口增加 27.6 倍，集成电路出口增加 38.8 倍。随着产品和产业结构的变化，它的社会结构也在变化。所谓第三产业的人数已超过第一和第二产业人数，将近60% 。在其他经济发达的西欧国家中，也存在着这种趋势。

面对这种情况，美国为了保持和发展它在科学技术方面的优势，以便称霸世界，所以优先发展电子工业、宇航工业、激光武器和战略核武器，并且与发展高技术民用产品紧密结合起来。日本是缺少资源，又缺少能源，依靠出口为生的国家。因此，它在研究新技术革命对策时，着重解决如何减少能源、资源和材料消耗，增加出口换汇率高的产品。苏联国民经济有两个大的难题：一是劳动力少，经济增长上不去；二是农业上不去。所以它除了注意发展国防尖端技术以外，还注意发展机器人，以解决劳动力不足问题；并且注意生物工程在农业上的应用。发展中国家和地区，最近 20 年来工业发展比较快的，如新加坡、韩国，以及我国的台湾、香港等地区，多是搞加工出口工业。它有一部分是属于高技术的东西，现在它们都以相当大的力量来发展有关的新技术。无论韩国还是新加坡，都有这方面的发展计划。和印度比较，在经济发展速度和改善人民生活方面，我们已经大大地超过它，今后在这些方面继续胜过它是完全可能的。但是印度对新技术的发展很重视，它已有 4 个原子能发电站在运转。第四个原子能发电站基本上是它自己设计、制造的；第五个很快也要建起来。印度引进国外先进技术，消化很快。这些年来它从发达国家引进了6000 多项新技术，由于有比较强的科技力量消化它，所以很快地得到应用。印度科技人员数量目前排世界第三位。在这方面我们绝不能有任何松懈，否则我们就会落在印度的后面。

总之，在世界新的技术革命中，每个国家都在根据本国的具体情况和需要，制定相应的对策。毫无疑问，我们也必须这样做。

四　我们面临的挑战和怎样对付
挑战迎接新的技术革命

邓小平同志六年前在全国科技大会上指出："近三十年来，现代科学技术不只是在个别的科学理论上、个别的生产技术上获得了发展，也不只是有了一般意义上的进步和改革，而是几乎各门科学技术领域都发生了深刻的变化，出现了新的飞跃，产生了并且正在继续产生一系列新兴科学技术。""大量的历史事实已经说明：理论研究一旦获得重大突破，迟早会给生产和技术带来极其巨大的进步。"① 今天，我们更加体会到小平同志的讲话是多么正确。

现在距离 2000 年只剩下 16 年，根据各方面的预测，科技革命可能还有大的进展；工业发达国家在技术上可能有进一步的发展；一些发展中国家，如印度，有可能比较快地发展，甚至可能在技术上超过我国。我们经常说要有紧迫感，从科学技术上讲，从来没有像现在这样尖锐。可以肯定，到本世纪末地球上还会存在社会主义制度和资本主义制度的对立。因此，这种挑战就不仅是经济方面，而且是科技领域、是政治上的一种挑战。我们每一个革命者都应该清醒地认识到这一点，应该迅速地行动起来迎接这一场挑战。

我们的总目标，是在本世纪末在提高经济效益的基础上，实现工农业年总产值翻两番，人民生活达到小康水平。怎样才能达到这个目标呢？

首先应当认真研究我们的国情。我国的基本情况一是人口多，二是底子薄；还有一个特点是经济发展很不平衡。所以迎接世界新的技术革命，一定要从国情出发。在这方面有以下几个问题需要我们认真考虑：

第一，我国已经基本上建立了比较完整的工业体系，不少产品也有较大的生产能力。然而现代社会所必需的基础设施还很薄弱，传统产业的技术水平、管理水平都比较落后，农业的手工操作仍占极大比重，农业劳动力仍然是全国劳动力的主要部分，地区的发展很不平衡。应该说，工业化的任务还远未

---

① 《邓小平文选》（一九七五——一九八二年），人民出版社 1983 年版，第 84 页。

完成。

第二，我国工农业总产值已经有一定的水平，现在大概占世界的第六七位。然而人均国民收入相当低，位于世界的第一百几十位。我们的经济建设、科研和教育投资的绝对数量同主要发达国家相比，差距很大，这同我国人均国民收入水平很低有很大关系。

第三，我国在新兴技术领域的研究和开发已有一定的基础，在国防应用上也取得重大的成就。然而，我们还没有形成具有经济竞争力的新产业，在经济领域中还未得到充分的利用。原子能工业未形成强大的产业；航天技术还未在国民经济中发挥它的作用；电子工业虽然有了一定的基础，并且研制成"银河"巨型计算机，但电子计算机、微处理机的产量还很有限，质量也不高，与世界先进水平的差距还很大。

第四，在经济结构、体制、管理方面进行的调整和改革，特别是农村的改革，取得了很大的成就。然而社会主义制度的优越性还没有充分发挥，在生产关系和上层建筑方面还存在束缚生产力发展的一些环节。

第五，我国科学和教育事业有很大的发展，也有一支相当数量的、有一定水平的科技队伍。但这支科技队伍年龄老化、知识老化的程度相当严重；广大群众的科学文化水平还比较低；不少干部还缺乏现代的科学知识。

第六，我国实行了对外开放的政策，为引进技术、利用外资创造了良好的条件。但由于新兴技术关系到军事和经济的激烈竞争，在国际贸易和技术转让方面都会遇到相当大的障碍和限制。

因此，世界新的技术革命，对于我们不适应生产力发展的管理体制和经营思想，对于我们比较薄弱的经济实力和缺乏国际竞争能力，以及对于我们较低的文化教育和科学技术水平来说，都是一场严峻的挑战。

同时，新的技术革命也给我们提供了机会，使我们有可能有选择地跳跃某些技术发展阶段，采用某些新的技术成果，节约能源、原材料和资金，取得较大的经济效益；有可能利用发达国家经济结构性的调整，以及各国之间的激烈竞争，发展技术经济贸易。我们还有可能借鉴发达国家现代的经营管理方法和经验，采用新的技术手段，加快管理的改革，提高效率。电视、通信卫星、电子计算机、微处理机等新技术的应用，将有可能在师资不足和资金有限的情况下，加快我国科学普及和智力的开发。

在50年代，我们曾经不失时机地注重发展先进技术，促进国防现代化，那是一次成功的战略决策。现在我们抓住机会迎接挑战，从加快技术进步、促进经济振兴的战略高度，采取积极的对策，力争逐步缩小而不至于拉大同发达国家在技术经济上的差距，已是刻不容缓的事。

那么我们应该怎么做呢？

第一点是关于对策的基本思想和对要达到的目标的认识。基本思想就是怎样能够更有效地、更有经济效益地完成党的十二大提出的战略目标，怎样为实现战略目标更好地服务。这是总的要求。总的来看，到本世纪末我国的生产技术应该达到发达国家70年代到80年代初期的水平。这是就全社会来说，有些部门、有些产业、有些产品应该达到当时世界的先进水平；也可能有些还达不到70年代和80年代的水平；也有一些世界上没有的东西我们自己要创造。对这个总的发展目标，需要有一个统一的认识。

第二点是新兴产业和传统产业的关系问题。有的同志主张，我们应该像西方发达国家那样，把我们的主要注意力放到新兴产业的发展上，把传统产业的技术改造放到第二位。另外一种意见是，我们应该把注意力放到传统产业的技术改造和技术进步上，要用最新技术把我们的传统产业武装起来，求得它的进步。从这个出发并且为这个服务，需要发展什么新的技术和新的产业，我们就发展什么新技术和新产业。国务院负责同志认为，应采取后一个办法；并且要我们记住：经济的发展需要依靠科学技术的进步，科学技术要面向经济建设，不能片面地强调哪一个方面。因为我国还是个发展中的社会主义国家，我们虽然有传统产业并建立了一个比较完整的工业体系，但这个传统产业还不能说现代化了；农业的现代化也不能走资本主义国家走过的所谓"石油农业"的道路，我们应该走生物农业的道路。就工业来讲，也是相当落后的，很需要现代化，需要用现代技术改造传统工业，使之获得很大的进步。这样做，我们新技术的发展就有了更好的基础，同时也给新技术的发展提供了更大的市场和更大的需要。所以国务院负责同志讲，不能为新兴产业而搞新兴产业，为新兴技术而搞新兴技术。我们不能采用使所谓"夕阳工业"衰落下去、使所谓"朝阳工业"兴盛起来的做法。西方现在都是竞相搞新兴工业，不愿搞那些传统工业，如钢铁工业、造船工业、纺织工业等。如果我们抓住这个机会，搞这一类东西，利用西方技术，或者买它的设备来发展、建设和改造我们的传统工业，不仅可以促进我们发展，而且可能有一定的国际市场竞争能力。山西省社会科学院有一个提法，说传统产业经过高技术的改造，也可以由劳动资金密集型的传统产业转化为资金技术密集型的传统产业；有的甚至还可能成为知识技术密集型的产业。他们举了一个例子，说"如果一个煤矿完全实现了采掘自动化，也就是实现了机器人采煤、电脑程序控制，那么这个传统的煤炭产业就是技术知识密集型的产业。因此新技术革命所淘汰的并不是传统产业这个部门，而是要淘汰传统产业中的那些落后的传统技术、传统工艺、传统产品"。"使用新技术取代传统技术，用新工艺取代传统工艺，用新产品取代传统产品，这就是以新技术改造传统产业应该追求的目标。"他们这些说法总的来看很好，我很赞成。只是关于淘汰传统产品这个说法，不完全是这样，有些传统产品要淘汰，有些就不会淘汰，比如煤炭。煤炭产业是传统产业，但它将来完全有可能变成知识技术密集型的产业。到那时一个人可能一天挖一万吨或者更多的煤。我们不要把新兴产业和传统产业对立起来。

　　第三点是关于改革和有关政策方面的一些问题。因为这场挑战不仅是对我们科技领域，更可能或者更为严重的是对我们管理体制和经营能力的一场挑战，因为新兴技术和新兴产业是代表新的生产力的。新兴产业和传统产业相比有几个特点：一是技术变化快；二是设备更新快；三是质量要求高；四是市场竞争激烈；五是投资风险大。我们现行的管理体制、决策程序、管理方法都不适应这些特点，所以管理体制问题是个很大的问题。这个问题不解决是不行的。要发展新技术、新产业，一定要有一个特殊的政策，就是不受现行管理体制、章程和条条框框的限制。就是要在经济特区和经济发达、科学技术比较发达的一些城市，采取鼓励和吸引外商投资兴办新技术、新产业的办法。对于一些关键性的新技术，特别是像电子计算机、大规模的集成电路等，政策还可以放得更宽些，使之更有吸引力。

对于少数有条件的生产单位和科研单位，为了使它们在新技术发展上尽快地有所突破，可以允许它们组成科学研究、试制和生产相结合的经济实体。这个实体可以以工厂为主，也可以以科研单位、学校的研究所为主组织起来，对国家进行承包；在对国家负责的原则下不受现行管理体制的限制，国家给予特殊的资助和高度的自主权，包括对外联系的权利，可以向外国人借款，直接同外国人做生意，以便利用各种渠道和方法，不失时机地引进和掌握先进技术。

应当允许私人来办小的生产新技术产品的、为搞新技术服务的（特别是搞软件的，或者是搞有关修理的）企业。要把软件产业作为我们一个重要的产业来发展。在某些城市有生产条件的，主要是有技术条件的、技术人员比较集中的地方，可以办一些像美国"硅谷"那种类型新技术发展的小区。当然不能企图所有的新技术都在一个地区内搞起来，能在某一项上有突破，那就很好了。从全国的需要来说，要求突破的只是几个重要方面：一是集成电路，大的、1000多K的我们可以研究，不一定马上部署生产，我们要搞的是大量需要的东西。二是新兴材料，比如太阳能接收材料、集成电路材料、金属陶瓷、光纤材料、碳纤维，等等，其中有些又是节能材料，我们也要搞。三是微型机的利用。哪个地区、哪个单位有哪种优势就发挥这个优势。发展新兴技术、应用新的技术革命的成果，都要从我国实际情况出发，人力、物力、财力先要用在关键的地方，要讲究经济效益。我国大量的是小企业，许多小企业不用进行基本建设，只要采用微型计算机和其他必要的设备，进行技术改造，就可以提高产品质量、增加产量，取得显著的经济效益，改变企业的落后面貌。这是加速传统工业技术改造，推动传统工业技术革新，把我国工业逐步转移到新的技术基础上来的一条捷径。这需要认真研究，作出规划。

总之，对于这一次技术革命，我们要遵循中央所指示的方向和精神，认真把事情办好，从而推动我们在本世纪末能够更好地完成我们的战略目标。

我国社会科学研究应
形成开放体系*

　　在世界新的科学技术革命强大潮流的影响下，当代社会科学出现了一些值得重视的发展趋势和特点，例如，综合化、数学化、精密化的趋势，面向未来研究和对国际同类问题的共同研究的趋势，以及基础研究与应用研究之间的联系日趋加强，等等。我国经济体制改革本身，就是社会科学面临的一个最重要的多学科的综合性研究课题。我们还面临着科学技术、经济和社会的协调发展，科学技术、经济和社会发展的预测，重大工程项目的论证，各项法律的制定，城市和乡村的建设，环境、能源、交通和人口等一系列现代化建设中的重要课题。总之，我们要在建设有中国特色的社会主义的实践中，坚持和发展马克思主义。这都要求社会科学研究提供新的理论、新的研究方法，并与自然科学工作者密切合作；要求我国社会科学研究形成这样一个开放体系，即面向实际、面向自然科学技术、面向各个学派、面向现代化、面向世界、

　　* 本文是笔者 1985 年 4 月在"全国首届交叉科学讨论会"上的发言摘要，原载《光明日报》1985 年 5 月 4 日。

面向未来的开放体系。马克思主义集人类先进思想之大成，社会科学只有成为这样的开放体系，才有利于马克思主义的发展。

我国现在的社会科学研究体制的弊端之一，就是自我封闭。这表现在社会科学研究与社会实践的发展、与自然科学技术的发展缺乏密切结合，社会科学与自然科学、社会科学各学科之间缺乏应有的合作与联系，研究课题狭窄，以及对国外情况缺乏系统深入的研究等方面。这种封闭也造成了社会科学研究人员知识面窄、研究课题陈旧、理论上缺乏创新、研究手段和方法落后等。因此，在社会科学研究体制的改革中，要集中力量解决好研究课题和手段现代化、人才培养现代化和组织管理现代化的问题。

社会科学研究课题的现代化，是科学研究的水平、质量和效率的集中体现，应当花大气力去解决，抓好学科和重大课题的规划。在这方面，首先，要抓好具有中国特色、善于吸收当代科学技术革命成果的社会主义现代化建设提出的重大综合性课题的研究。其次，应积极开展新学科的研究。新学科的建设，应根据我国现代化建设的需要，考虑到研究队伍的可能，有计划、有步骤地进行。在国内招收研究生和派出国留学生、进修生方面，也应优先考虑新兴学科人才的培养。

我们要采取切实措施加强社会科学与自然科学、技术科学的联系和合作：合作研究有关综合性、边缘性的课题，邀请有关学科专家参加课题组；社会科学院的研究所应与有关自然科学、技术科学的研究单位建立研究上的联系制度；中国社会科学院研究生院与中国科学院研究生院合作培养综合性研究的人才，并考虑设立双学位制，以鼓励学自然科学、技术科学的大

学生报考社会科学的研究生，社会科学各专业的学生选修自然
科学课程。另外，还可以成立一些跨学科研究的学会，创办跨
学科的综合性学术刊物，吸引各学科的人员共同参加跨学科的
学术活动。

新技术革命和我们的对策[*]

目前，世界上出现了新的技术革命高潮。在美国、日本和西欧的一些工业发达国家，谈论这个的也是越来越多，在苏联和东欧国家，也日益引起人们的注意。当然，他们的观点也各式各样，对新的技术革命的叫法也各不相同。有叫第三、第四次工业革命的，也有叫产业革命的，还有叫技术革命的。此外，还有"后工业""第三次浪潮""信息社会""信息经济"等提法。对于这类"革命"是否已经到来，认识也不一致，有的说已经到来，有的说正在到来，也有的说即将到来，还有的说过一个时期才能到来。经过多少时间到来，其说法也不一。有的说20世纪末可能到来，有的说21世纪才能到来。尽管如此，但是有一个共同点，那就是所有这些议论都反映一个新的情况、新的现象。就是说，在经济发达的国家，出现了新的技术群，包括信息技术、生物技术、新材料技术、新能源技术、海洋开发技术，等等。这些新技术正在发达国家中不同程度地得到应用和发展。

---

* 本文是笔者1985年4月在"新技术革命和我们的对策研讨会"上的讲话，原载《理论月刊》1985年第4期。

　　毫无疑问，目前出现的这种新情况，对于正在建设社会主义现代化的我国来说，是应当密切加以注意的。

　　在世界新的技术革命中，每个国家和地区都在根据自己的具体情况和需要，制定相应的对策。我们当然也要做这方面的工作。

　　首先，我们回顾一下6年前邓小平同志在全国科学大会开幕式上的一个重要讲话。他说："现代科学技术正在经历着一场伟大的革命。近三十年来，现代科学技术不只是在个别的科学理论上、个别的生产技术上获得了发展，也不只是有了一般意义上的进步和改革，而是几乎各门科学技术领域都发生了深刻的变化，出现了新的飞跃，产生了并且正在继续产生一系列新兴科学技术。现代科学为生产技术的进步开辟道路，决定它的发展方向。许多新的生产工具，新的工艺，首先在科学实验室里被创造出来。一系列新兴的工业，如高分子合成工业、原子能工业、电子计算机工业、半导体工业、宇航工业、激光工业等，都是建立在新兴科学基础上的。当然，不论是现在或者今后，还会有许多理论研究，暂时人们还看不到它的应用前景。但是，大量的历史事实已经说明：理论研究一旦获得重大突破，迟早会给生产和技术带来极其巨大的进步。当代的自然科学正以空前的规模和速度，应用于生产，使社会物质生产的各个领域面貌一新。特别是由于电子计算机、控制论和自动化技术的发展，正在迅速提高生产自动化的程度。同样数量的劳动力，在同样的劳动时间里，可以生产出比过去多几十倍几百倍的产品。社会生产力有这样巨大的发展，劳动生产率有这样大幅度的提高，靠的是什么？最主要的是靠科学的力量、技术的力量。"① 事实已经证明，邓小平同志的讲话，十分正确。

1978 年到现在，6 年过去了。距离 2000 年只剩下 16 个年头了。根据各方面的预测，在这为期不长的 16 年间，战后持续了 30 多年的科技革命，可能有很大的发展。在这个过程中，工业发达国家，在技术上将有可能有进一步的发展；一些发展中国家，例如亚洲的印度很可能会较快地发展起来，甚至在科学技术上超过我国，我们常说的"紧迫感"，在科学技术方面，从来没有像现在这样尖锐。我们应该清醒地认识到这一点，迅速行动起来。

我们究竟怎样迎接这个新的技术革命呢？在世界新技术、新产业的兴起和发展面前，我们的同志可能会有这样几种不同的态度：

一种态度认为，那些新技术、新产业离我们很遥远，因而对此漠不关心、闭目塞听，不了解也不想了解这方面的新情况。这种态度当然是错误的。

另一种态度是急于求成，认为我们可以很快地完成这个技术革命，为此，恨不得一下子采用所有最新的技术，发展所有的最新产业，在很短的时间里，全面赶上和超过经济技术发达的国家。这种想法显然是脱离实际的。

第三种态度是要实事求是，这就是：根据我国的国情，按照需要和可能，对新兴技术的研究开发和新兴产业的建设，采取"有限目标，突出重点"的方针，以便尽可能地利用新兴技术，来促进我国的社会主义现代化建设。

面对世界新的技术革命的发展，我们既不能像西方经济发

① 《邓小平文选》第二卷，人民出版社 1993 年版，第 87 页。

达国家那样，把主要注意力放在发展所谓"朝阳产业"即"新兴产业"上，而使传统的产业，也就是他们所说的"夕阳产业"日趋衰落下去；我们也不能像靠加工出口发展起来的韩国、新加坡那样，以主要力量去搞那些加工出口的新产业。我们应当从我们的国情出发，以实现党的十二大提出的战略目标为宗旨，从这样的高度上去考虑采取哪种对策，要能对实现战略目标的战略重点建设起最大的促进作用，要能给我国城市现有的40万个工业交通企业和100多万个乡镇工业交通企业的技术进步带来最大的生机；要能给节约能源、节约原材料、节约资金带来最新的突破；要能给提高经济效益、增加资金积累提供最好的保证，要能对加速人才培养、提高管理水平给予最大的推动，要能对增强国力、改善人民生活发挥最大的作用，总之，要对各个重要方面进行周密的调查研究，分析对比，才能正确地制定我们的对策。

我们总的目标，是在20世纪末在提高经济效益的基础上实现工农业的年总产值翻两番，人民生活达到小康的水平。为了能够更好地达到这个目标，应该采取什么办法？

首先，应该认真研究我国的国情。当前，我们国家的国情是什么？一个是人口多。10亿人口，有8亿是农民，4.5亿劳动力中，有3.5亿在农村。另一个是底子薄。毛主席过去把这叫作"一穷二白"。现在"穷"比过去好了一点儿，"白"也比过去好了一点儿，但还不能说我们国家已经根本改变了"一穷二白"的面貌，底子还是很薄的。除此之外，我国经济的发展也是很不平衡的。

为了迎接新的技术革命，对我国国情的下述几个重要情况，应当认真考虑：

第一，我国已经建立了相当规模的工业基础，不少产品拥有较大的生产能力，但是现代化社会所必需的基础设施还很薄弱，传统产业的技术水平、管理水平都比较落后，农业的手工操作仍占极大的比重，农业劳动力仍然是全国劳动力的主要部分，地区的发展极不平衡。应当说，社会主义工业化的任务还未完成。

第二，我国工农业总产值已具有一定的规模；然而在相当长的时期内，人均产值仍然很低，占世界的第一百几十位。经济建设、科研和教育投资的绝对数量同主要的经济发达国家相比悬殊。

第三，我国在新兴技术领域的研究与开发方面已经有了一定的基础，在国防应用方面也取得了重大的成就。我国早已成功地进行了原子弹、氢弹的爆炸，能够把人造地球卫星送上天去，也能收回来，最近又发射了同步定点卫星，在通过卫星传递信息方面取得了重大的进展；然而这些新兴技术还没有形成具有经济竞争力的新兴产业，在经济建设中还远未能充分应用这些新技术。

第四，我国在经济结构、体制和管理方面进行的调整和改革取得了很大的成就；然而社会主义制度的优越性远未充分发挥，在生产关系和上层建筑中还存在束缚生产力发展的一些环节。

第五，我国科学和教育事业有了很大发展，拥有一支相当数量的、有一定水平的科技队伍；然而科学教育的投资比重过低，知识分子的作用尚未充分发挥。队伍年龄老化、知识老化的状况相当严重。广大群众科学文化水平比较低，不少干部缺乏现代科学技术知识和管理知识。

　　第六，我国实行了对外开放政策，为引进技术、利用外资创造了良好的条件；然而新兴技术的出口关系到不同国家、不同社会制度之间军事和经济的激烈竞争，因而在国际贸易和技术转让上都会遇到种种障碍和限制。

　　因此，新的技术革命对于我们不适应生产力发展的管理体制和经营思想，对于我们薄弱的经济实力和国际竞争能力，以及对于我们较低的文化、教育、科技水平都是一场严峻的挑战。

　　同时，新的技术革命也给我们提供了机会。在新的技术革命的形势下，我们有可能有选择地、恰如其分地跃过某些技术发展阶段，采用较新的技术成果，节约能源、材料与资金，取得较大的经济效益。我们有可能利用发达国家经济的结构性调整以及各国之间的激烈竞争，来发展技术、经济贸易。我们还有可能借鉴经济技术发达国家的现代经营管理方法和经验，并采用新的技术手段，加快推进管理的改革和提高效率。电视、通信卫星和电子计算机等新的信息技术的应用，将有可能在师资不足与资金有限的情况下，加快科学文化的普及和智力开发。

　　20 世纪 50 年代，我们曾经不失时机地注意发展新兴技术，促进国防的现代化。经验证明，这是一次成功的战略决策。但由于后来的种种干扰，以致起步晚而进展不尽如人意。现在，抓住机会，迎接挑战，从加速技术进步、促进经济振兴的战略高度，采取积极的对策，力争逐步缩小而不至于拉大同发达国家在技术、经济方面的差距，从我们实现四个现代化的目标来看，已是刻不容缓的了。我们绝不应当闭目塞听，无视世界发展的新动向；绝不应当无所作为，坐失良机。

针对上述情况，对于我国对策的制定，有以下设想：

1. 研究制定我国的对策应当围绕实现我国现代化的战略目标，为这个目标服务。不是为新兴工业而发展新兴工业，不是为新技术而发展新技术。当然，如果不重视新兴科技成果的应用，实现现代化的宏伟目标也不可能达到。因此，要以提高经济效益为中心，以运用新兴技术、加快传统产业的技术进步为重点，推动新兴技术产品的生产，逐步形成新兴技术产业。

从技术的发展来看。到 20 世纪末，总体上说，要力争达到经济发达国家 20 世纪 70 年代和 80 年代初的先进技术水平。不同的领域不能"一刀切"。有些方面，特别是某些新兴技术领域，应当争取达到更为先进的甚至当时的世界先进水平。有些方面还不可能达到 70 年代和 80 年代初的水平。有些方面则根据我国自己的特点，开发独创的技术。例如，在研究微型电子计算机对于汉字信息的处理方面，我们应当独创。

2. 积极应用新兴技术，促进经济建设战略重点的发展，加速传统产业的改造。从经济的发展来看，为满足人民生活的基本需求和加强国民经济的基础结构，在相当长的时期里，传统产业仍然是国民经济的主体。加快传统产业的技术进步，是振兴经济的最重要的任务。我们应当把主要注意力放在用最新技术武装传统产业，促进它的技术改造、技术进步上面。但是，必须有重点地发展新兴产业，争取在一二十年内，较大幅度地提高新兴产业在国民经济中的比重。要贯彻落实经济建设必须依靠科学技术，科学技术必须面向经济建设的根本方针，进一步制定技术与经济密切结合的规划。

在传统产业中，应当尽可能地超越一些发展阶段，应用新兴技术的成果，提高技术水平和管理水平。新兴技术不仅能应用于生产资料的生产，而且能广泛应用于消费品和文化用品的生产。尤其要看到，随着传统农业向现代农业转化，以及农村全面建设的开展，新兴技术在农村有广泛的应用前景。例如，在农业现代化方面，我们就可以越过一些资本主义国家曾经走过的以高度机械化为主要内容的"石油农业"的道路，而走以生物技术为核心的、生态的良性循环，并利用自然能源和劳动力资源发展农业的"生物农业"的道路。

应用新兴技术，一般来说，要有必要的研究和试点，并且由简单的应用做起，逐步发展到复杂的系统的应用。应用新兴技术要注重效益，要创造必要的条件，不要贸然行事。

新兴产业应当通过积极开发潜力巨大的国内市场，获得不断发展的活力。为了打开应用的局面，新兴产业的生产企业必须改变不问使用的思想，把服务放在重要的地位，努力做好零配件供应、维护修理以及提供咨询、设计等服务。

3. 新兴技术的研究开发与新兴产业的建设，应当采取"有限目标，突出重点"的方针。应当吸取过去盲目追求"全面赶超""自成体系"的教训，真正做到有所为有所不为，集中力量支持重点。研究与开发上，重点是尽快地掌握国际上已有的，我们在近期、中期有可能应用的成果。同时要有纵深的部署，安排必要的基础研究。特别是对于那些同外国有一定竞争力的项目，要认真抓紧进行。对于需要很长时间又要较大投资的探索性工作，只能量力而为。生产上，重点是确保高质量、低成本和高效益，不要单纯追求产量。产业建设上，重点是要充分利用已有的基础，打破部门和地方的局限，力求尽快形成一批具有竞争能力的企业。市场开发上，重点是面向国内，要在质量、成本、服务等方面具有与进口产品竞争的必要能力。

4. 军民结合，军品优先，充分发挥国防系统的力量，促进新兴技术、新兴产业的发展。增加国防力量，推动国防现代化，从来就是发展新兴技术和新兴产业的重要目的之一。国防的需要是发展新兴技术的一个重要动力。在发展新兴技术和新兴产业方面，国防科技和国防工业应当继续发挥带头作用。国防科技、国防工业担负着国防建设和经济建设的双重任务。要进一步贯彻"军民结合、平战结合、军品优先、以民养军"的方针，在加强国防建设的同时，充分利用国防系统的科技力量和生产能力，开发信息产业，发展航天技术、核技术和航空技术等在国民经济中的应用，为振兴国民经济做出新的贡献。

5. 各地要根据自己的经济和技术条件，发扬优势，对发展新兴技术、新兴产业作出具体部署。各地首先应当支持全国的重点项目，同时要发挥积极性，从实际出发，部署有需要有可能进行的推广应用工作。有些地方还可以适当安排必要的研究开发和生产。经济特区和沿海经济、科技比较发达的城市，要更多地承担引进与消化吸收国外技术的任务，并且积极向内地转移技术。要大力提倡跨省市、跨部门的技术协作与经济联合。

6. 多途径、多方式加快引进技术，认真加以消化吸收，并对国内研究与生产实行适当的保护政策。在传统产业方面，要利用发达国家调整产业结构的机会，更多地引进先进技术。特别是注意引进花钱少、见效快的中小型项目所需的技术。在新兴技术和新兴产业方面，为争取时效、缩短差距、加快应用，引进技术尤为必要。但是，又必须看到国际竞争十分激烈，技术进步十分迅速，因此引进先进技术的难度很大。应当灵活地采取各种各样的方式。对引进的先进技术，要有选择地组织力量消化吸收，加快国产化的步伐。

引进技术，同国内的研究、开发与生产即使尽量加以协调，仍难以完全避免某种冲突。对此，应实行有限度的适当的保护措施，以扶植和促进国内的研究工作和工业生产。

7. 加快新兴产业经营管理体制的改革，作为全国经济体制改革的一个突破口。发展新兴产业，技术进步固然重要，但同样重要的是，要有能够促进技术进步，能够吸收新的成果并把它用于生产的管理体制和政策环境。为了尽可能保证决策的合理性，需要充分的比较和论证，但是决策程序必须改革，应力求减少牵制环节，提高决策效率。为了有重点地使用有限的人力、物力、财力，当然要加强集中统一规划，但是又必须使企业有高度的自主权。由于新兴企业的技术、工艺、产品和装备变化迅速，企业规模一般以中小型为宜，有的可以由小到大逐步发展。新兴产业也可以说是高质量产业，必须从一开始就严格实行全面质量管理制度。

8. 加快教育改革的步伐，广开学路，加强智力开发。新兴产业是知识密集的产业，未来的社会将是知识密集的社会。可以肯定地说，今后无论在国内建设中，或是在激烈的国际经济竞争中，我们每前进一步都将取决于智力开发的程度。要大力发展科学研究事业，把它作为经济发展战略的一个重要方面来抓，并根据需要和可能，尽量增加智力开发的投资，确定智力投资在整个国家建设投资中的合理比例。随着大批科技人员走上领导岗位，干部知识结构的改变为造就更多的优秀企业家提供了条件。要鼓励并创造环境，使他们开阔眼界，懂得经济，熟悉管理，勇于创新。必须加快教育改革的步伐，大力加强高等教育对科技人才和经营管理人才的培养。要打破单一的教育结构与办学形式，改变高等教育的布局，改革教学方法，多途径、多层次地培养人才，大力发展职业教育和技术培训。要围绕新兴技术和新兴产业发展的需要，统一调度和集中使用科技力量。要坚决落实党对知识分子的政策，改善知识分子的生活条件和工作条件，以利于充分发挥知识分子的潜力和积极性。

9. 搞活思想，才能搞活经济，才能促进管理的改革和科学技术的创新。迎接新的技术革命、"新的产业革命"的挑战，我们面临着艰巨复杂的改革课题，需要进行探索、试验、实践。不断革新，不断前进，是社会主义制度优越性的体现。党的十一届三中全会以来的事实说明，思想解放是推动经济前进的巨大动力。但是，思想停滞，不研究新情况、新问题的状况仍然严重存在，不合时宜、阻碍革新的旧体制、旧规章、旧观念仍然有待继续破除，我们应当学习马克思的态度和方法，重视研究和吸收当代人类创造的自然科学和社会科学的丰富成果。探索和改革，难免会有不完善和失败；研究和学习外国，难免带来某些消极的东西。但是切不可因噎废食，应当认真总结经验，改进工作，继续前进。

10. 加强领导，发动群众，一切从实际出发。新的技术革命既然是一场革命，无疑需要坚强的领导和广大群众的参与，不能把它看成只是少数人的事，只是发展几项新兴技术、建立若干新兴产业。要使广大干部和群众充分认识到迎接挑战的紧迫性和艰巨性，认识到这个挑战归根结底是对我们掌握、应用和创新知识的能力的挑战。号召大家同愚昧做斗争，刻苦钻研现代科学技术。各个经济部门、生产企业和广大职工，要从各自实际出发，有效地促进技术进步，改善经营管理，提高产品质量和服务质量，减少消耗，降低成本，向生产现代化、管理现代化前进。这些都是迎接新的技术革命和"新的产业革命"的实际行动。不要不问实际条件，不讲效益，一哄而起，盲目追求新兴技术。

总之，新兴技术的研究开发与新兴产业的建设，应当采取"有限目标、突出重点"的方针。钱要用在关键地方，主攻方向、突破口要选准，要讲求经济效益。我国有大量的小企业，技术改造任务很重。许多小企业不用进行基本建设，只需要采用微型计算机及其他必要的技术进行改造，就可提高产品质量，增加产量，取得显著的经济效益，改变企业的落后面貌。应用微型计算机改造企业，是加速传统产业改造，推动传统工艺革新，把我国工业逐步转移到新的技术基础上来的一条捷径，要认真研究，作出规划。与此相关，在电子计算机和大规模集成电路领域里，目前处于国际竞争十分激烈、技术进步非常迅速的情况下，我们在科研上要向前看，在生产上则不宜亦步亦趋，而应采取适合我国情况的正确政策、措施和步骤。

新的技术革命的挑战，对我们来说不仅是科技领域里的挑战，而且是经营管理领域里的挑战。和传统产业相比，新兴技术和新兴产业的特点：一是技术变化快；二是设备更新快；三是质量要求高；四是市场竞争激烈；五是投资风险大。而我们现行的经济管理体制、决策程序和管理方法，都和这些特点不相适应。所以，为了发展新技术，发展新产业，就需要采取一些不受现行经营管理体制和办法的框框限制的特殊政策和措施。例如，在经济特区和沿海经济、科技比较发达的城市，要鼓励和吸引外商投资兴办新兴技术产业，从政策上明确保护其技术专利，给予包括适当减免税收、让出部分国内市场等优惠待遇。在一些关键性的新技术（特别是像电子计算机和大规模集成电路）领域，还可以放得更宽些，使之更有吸引力。又如，对少数有条件的科研单位或企业，为了使它们在技术发展上尽快有所突破，可以让其组成科研、试制、生产相结合的经济实体，在对国家负责的原则下，不受现行经济管理体制的限制，由国家给予特殊的资助和高度的自主权，包括对外联系的权力，以便于利用各种渠道和方法，不失时机地迅速引进和掌握先进技术。与此同时，对于这样的经济实体，还可以采取在国家计划上单立户头，由国家直接拨款，以及实行必要的人才流动等有力措施，使之在发展新技术方面早出和多出成果。再如，为了促进新兴技术、新兴产业的发展，在技术条件较好、技术人员比较集中的地区，可以办一些像美国硅谷那种类型的新技术发展小区，可以允许出现一些专门为新兴技术服务、生产新产品、制造新材料或搞有关的修理服务的"专业户"，调动各方面的力量，发挥各种优势，为新兴技术、新兴产业的发展开辟道路。

提出对策，既要从现实出发，又要看到远景。所以我们要有一个远近结合、纵横结合的全面规划。规划可以考虑分为三个层次：一个层次是近期的规划，这是当前行动的一个重要步骤。这主要是把发展的重点和突破口列到"七五"计划里面去。这里面要包括发展目标、科研项目、引进项目、改造项目、新扩建项目，包括中间试验的工厂，等等，还要包括相应的人才培养、设备材料供应、资金预算，等等。如果不把这些列入国家计划，那么，再好的规划也难落实。第二个层次是中期的规划，要考虑到20世纪末，我国科学技术的发展是个什么样子。这件事情，有个研究"2000年的中国"的专题小组在进行研究。这个研究将来要出研究报告。这主要是围绕十二大的战略目标，提出新兴技术和相关的新兴产业发展的目标。到 2000 年，我国的信息产业，估计会有比较大的发展。核技术和航天技术在民用方面将有很大的进步。许多新材料将走出中间试验工厂，进入工业化的生产阶段。生物技术，特别是在农业方面的生物技术，将会得到较为广泛的利用。第三个层次是考虑搞一个远景的规划。远景规划应当考虑到 2030 年。估计到 2030 年，我们国家将由现在的发展中的社会主义国家逐步成为发达的社会主义国家。什么叫发达的社会主义国家，这也是有不同看法的。例如，苏联在赫鲁晓夫当政的时候，不是早就宣布他们正向共产主义迈进吗？后来到了勃列日涅夫时代，不讲向共产主义迈进了，而讲建成发达的社会主义国家了。安德罗波夫上台时又讲，他们离发达的社会主义国家还差得远。我们则是老老实实地讲，我们现在是发展中的社会主义国家，什么时候才能成为发达的社会主义国家，还需要进一步研究。科学技术革命不仅会使经济发生很大变化，而且一定会对整个社会生活发生深刻的影响。那么，到了 2030 年，中国究竟是个什么样的国家，我们要有个科学的预见。人无远虑，必有近忧。可以设想，到那个时候，我们将从发展中的社会主义国家逐步发展成为发达的社会主义国家。那时，我国的生产力将有很大的发展，我国的科技水平将有很大的提高，我国人民的物质、文化生活将有很大的改善，我们国家将有高度的社会主义物质文明和精神文明，我们不再为人口过多、日子难过而发愁。那时，我们国家的产业结构、就业结构和社会结构将会有很大的变化，劳动密集、资金密集、知识和技术密集的产业将会发展得比较合理，高技术的产业群一定会形成并发展起来，经济发展的不平衡性也会有很大的变化。究竟 2030 年或者新中国成立 100 周年时会是什么样子，我们的自然科学家和社会科学家及各个方面的负责同志应该关心这个问题、研究这个问题，对我们发展的远景有一个科学的预见。

在全国软科学研究工作
座谈会上的发言*

　　盼望已久的全国软科学大会，在国家科委的主持下，终于召开了。这是我国科学界在进入新的历史时期的一大盛事，它无疑将对我国社会主义现代化建设事业产生巨大的推动力量，并将为我国的科研事业开辟一个崭新的领域，为赶上和超过世界科技先进水平起到极大的促进作用。为此，我怀着十分喜悦的心情热烈地祝贺大会开幕。

　　科学在一个时代发展的程度，决定于时代对它需要的程度。软科学在今天之所以被人们所瞩目，所重视，正是因为它是随着时代的前进应运而生，并随着实践的需要而不断发展的。在我国社会主义四化建设的新时期，软科学日益显示出越来越重要的作用。

　　要顺利地进行我国社会主义现代化建设，无论是在宏观方面或微观方面，都需要正确解决决策、组织、管理的一系列重大问题，达到决策的科学化、组织的科学化和管理的科学化。而要使这一切真正达到科学化，始终都离不开软科学。

---

　　*　本文是笔者 1986 年 8 月在"全国软科学研究工作座谈会"上的讲话。

　　党的十一届三中全会以来，我国的软科学研究受到了党中央、国务院和科研领导部门的重视，得到了迅速的发展。大批咨询研究机构如雨后春笋一般相继问世。若干省、市、区乃至全国的中长期经济社会发展战略在反复研讨。一系列重大的建设项目得到科学的论证。如"2000 年的中国"的研究，在国务院经济技术社会发展研究中心的组织下，获得了初步的成果。山西能源重化工基地开发规划的研究由中国科学院和中国社会科学院共同牵头，组织专家学者携手合作，利用集团智力的优势，取得了重大的成果，已故科学家华罗庚推广的优选法、统筹法，著名科学家钱学森倡导的系统工程在传播和应用中，已经产生了巨大的经济效益，化为伟大的物质力量。这些通过软科学浇灌出来的实践之花，又结出了软科学理论的丰硕之果。科学的发展与对科学的认识是不断深化的。毋庸讳言，有些同志至今对软科学仍抱有一种虚无主义的态度。他们只重视硬科学，不重视软科学；只注重"硬件"，而轻视"软件"。实践证明，这对社会主义现代化建设是十分不利的。

　　当今的世界，科学的发展日新月异。它一方面向微观方向发展，分支越来越细；另一方面向宏观方向发展，越来越趋向综合，而后者是适应前者的需要而产生的。两种或多种学科的相互交叉，彼此渗透，已经成为当代科学发展的大趋势。软科学正是在学科分支的丫杈之间产生最活跃的生长点。有鉴于此，各学科的科学工作者应当携起手来，大力发展软科学。自然科学工作者与社会科学工作者相结合，自然科学与社会科学内部各学科工作者相结合，基础科学工作者与应用科学工作者相结合，专门研究理论的科学工作者与长期从事实践活动的科学工作者相结合，展开一个科学研究的横向大联合，形成合理的智力结构，组成解决社会主义建设重大课题的相关学科荟萃的智力群体，改变我们科研领域目前存在的囿于一隅，孤军奋战的封闭状态和"小而全""大而全"重复研究的不合理的组织结构，建立起有关学科协同研究的开放型科研体制，将科研变成社会化的大协作，取人之长，补己之短，扬己之长，避己之短。

为了实现这一目标，我们需要大力发展软科学的研究组织和研究机构。科研工作的落实，首先应是组织的落实。要建立各个层次、各种形式、各种学科的公办的、民间的、固定的、松散的乃至沙龙式的组织，活跃学术气氛，营造生动活泼的科研环境，有计划地培养软科学的研究人才，调整科研人员的知识结构，更紧密地联系和解决四化建设中的实际问题，使我国的软科学研究更上一层楼。热烈祝贺大会圆满成功！

加强咨询研究工作
促进决策科学化[*]

  "政策咨询研究工作座谈会"今天开幕了。两年以前曾在山东省济南市召开过"经济咨询研究工作座谈会",那次会议对于推动经济咨询研究工作的开展起了很好的作用。两年多来,我国的政治、经济形势有了重大的发展,社会主义建设已经进入"七五"时期,以城市经济体制改革为重点的全面的经济改革已经展开。随着我国经济体制改革向深度和广度的发展,前些时候中央又着重提出了政治体制改革的任务。政治体制改革的一个极为重要的方面,就是要改革和完善党和国家的领导体制,改革和完善决策制度和程序,进一步实行决策的科学化、民主化、制度化。不久前召开的"全国软科学研究工作座谈会"提出,各级领导部门都要改变不适应现代化要求的决策意识和决策方法,重视政策咨询研究工作,设立并依靠决策研究机构,实现决策的科学化。形势的发展清楚地表明,我国社会主义建设和经济改革的实践对政策咨询研究工作的要求越来越高,我们肩负的任务是重大的、艰巨的。

---

* 本文是笔者 1986 年 12 月在"全国政策咨询研究工作座谈会"上的讲话。

目前，各级政府的政策咨询研究机构已经普遍建立并有了一定的发展。29 个省、市、区基本上都建立了具有不同特点的研究中心或其他名称的承担政策咨询研究任务的机构，在不少省辖市、地区、县一级也设立了相应的机构。这些政策咨询研究机构，在促进各级政府决策科学化方面，都程度不同地发挥了积极作用，做出了一定的成绩。但是，我们的工作同新时期的需要和要求还很不适应，我们自身的现状和咨询研究人员的素质同我们肩负的责任还很不适应，政策咨询研究工作亟待加强和提高。我们这次会议的任务就是要提高认识，总结、交流经验，研究和探讨为了实现决策科学化，如何使我们的咨询研究工作本身科学化，以适应新时期改革和建设的需要。下面，我想着重就这个问题提出一些想法，和同志们讨论。

一　决策科学化是形势发展的需要

当前，我们正处在世界发展的两大潮流之中：一个大潮流是世界新技术革命的蓬勃发展，科学技术广泛地应用到社会生产和社会生活的各个方面，使人类生活发生一系列新的变革，科学技术已成为推动社会发展的强大力量。另一个大潮流是世界各国，包括不同社会制度、不同发展阶段的国家，都在进行经济调整或经济体制改革，以适应前一个潮流的需要和要求。我们要想跟上迅速变化着的世界新形势，顺应历史发展的新潮流，就必须及时地提出我们的对策。在这样的国际大变革之中，不仅使我们比以往任何时候更加需要科学的决策，而且使决策工作的复杂性和难度大大地增加了。党的十一届三中全会以后，我国实行的对内搞活经济、对外开放的方针，就是在当今世界发展的新形势下所采取的重大战略决策。我国的经济发展正在进行着如下的战略性转变：由自然经济、半自然经济转向有计划的商品经济；由追求速度型转向讲求效益型；由封闭型的经济转向开放型的经济；等等。

在经济发展战略转变的过程中出现了大量的新问题。归纳起来主要有四个方面：（1）新旧体制交替转换的问题；（2）经济结构调整的问题；（3）科技进步和技术改造问题；（4）利用国际市场、国际资源问题。客观形势的发展，使我们的决策工作也出现了一些新的特点：由对单一问题的决策发展为对经济、技术、社会问题进行综合研究和分析的决策；由集中统一的决策发展为层次化、分散化的各级决策；由只考虑国内因素的决策发展为必须兼顾国内外因素变化的决策；既有相对稳定的长期目标决策，也有应变性的决策。我们的经济体制改革、政治体制改革、对外开放本身就是种探索性的工作，需要不断地实践和总结。面对各种新情况、新问题需要我们及时做出决策，而且是科学的决策。所有这些，都对决策工作提出了更高的要求。

我们以往的决策工作远不能适应新形势的要求。党的十一届三中全会以前，由于长期盛行个人迷信，因而决策中带有浓厚的个人色彩和感情色彩，缺少理性化。虽然过去我们也有决策的研究工作，但传统的研究方法对于科学决策来说是远远不够的。在这种情况下，某些重大决策出现失误，并常常发生"政策多变"就是不可避免的。

与科学决策相比较，我们传统的决策方法从本质上讲还是一种与小生产方式相适应的，主要依靠人的经验所做出的经验决策；从决策发展的角度看，还处于初级、落后的阶段。人类的决策活动是随着人类社会的发展而产生、发展的。在原始社会，人们的决策基本上是对外界环境变化的一种本能的反应。这种反应支配着原始人的行动。随着社会生产力的发展，人类经济活动和社会活动的范围逐渐扩大，需要更多的人协调行动，这就产生了决策的要求。在漫长的奴隶社会、封建社会，国家高层次的决策是由少数帝王将相亲自决定的。这种决策有时也得到谋臣或智囊人物的协助，但主要是依靠他们个人的阅历、知识、才能和个人的感情因素。由于个人的经历、学识、经验都是有限的，个人决策的失误总是不可避免的。随着商品经济的发展，整个社会生活的各个方面都广泛地、密切地联系起来了。由于科学技术的进步和社会生产规模的扩大，出现了所谓"大科学""大工程""大企业"。当代社会活动变化因素之繁多，规模之庞大，活动规律之复杂，知识增长之迅速，信息量之巨大，都是原来那种小生产、自然经济所无法比拟的。要有效地指导和驾驭这种新局势，做出正确决策，单凭个人的经验和才能是十分困难的，必须讲究科学方法，以科学决策代替经验决策。于是，决策便从经验阶段上升到科学阶段，这是人类活动的巨大飞跃。

科学决策要求严格遵循一定的科学程序，依靠各类专家运用现代科学方法和先进技术手段进行决策。显然这绝不是任何个人或少数几个人所能完成的。当今的各种智囊团体和咨询机构正是适应科学决策的需要而发展起来的。所谓智囊团或咨询机构，实质只是一种高智力机构。它拥有一批具有不同知识结构、不同经验的专家，并与社会上的智力队伍有着广泛的联系，对于需要做出抉择的问题进行反复研究，提出各种可行方案，供决策者选择。它们是决策者的"外脑""脑库"，对决策者个人和决策集体的才智、经验、知识是个必不可少的补充，是各级领导者解决复杂问题、进行正确决策所必须依靠的机构。

咨询研究机构在我国出现得较晚。党的十一届三中全会以后，我们党进一步认识到科学决策的极端重要性，纠正了指导思想上"左"的和主观主义的错误，恢复了民主讨论、集体领导的作风，强调尊重科学、尊重人才，为实行科学决策创造了必要的社会的、政治的、观念的有利条件。正是在这样的一种形势下，各类咨询机构，特别是各级政府的政策咨询研究机构，从无到有，从小到大，较快地发展起来，这标志着我国决策科学化的进程在加快。可以预见，随着我国社会主义现代化建设事业的蓬勃发展，随着经济改革和对外开放的深入进行，随着政治体制改革的逐步实施，咨询研究工作显得越来越重要，对它的需要也愈加迫切，我国的咨询研究机构必将得到进一步加强、完善和发展。

二　决策的民主化、科学化迫切要求咨询研究工作的民主化、科学化

政策咨询研究机构，是为各级领导提供思路、方法、策略、方案及其论证的，是为各级领导出谋划策的。因此，咨询研究自身工作的科学化是决策科学化的重要前提。当然，咨询研究工作有时也难免出现差错，但是我们应该尽量把可能产生的失误减少到最低程度，为领导提供科学的决策依据。一项错误的政策建议可能会产生很大的危害。这个问题必须引起咨询研究工作者的重视，我们必须以高度的政治责任感，严肃认真

地加以对待。否则，那就是失职。

什么是咨询研究工作的科学化，怎样做才能实现咨询研究工作的科学化，是个需要解决的新课题。在这里把问题提出来，请大家共同讨论研究。下面根据实际工作中存在的问题，讲一些不太成熟的想法，供同志们参考。

实现咨询研究工作的科学化，有些一般的原则必须遵守。首先，要遵循经济技术社会发展的各种客观规律。除了掌握事物发展的一般规律之外，还要掌握某种事物在中国发展的特殊规律，这就要求我们掌握和熟悉国情，从实际出发，从国情出发。其次，要对所研究的问题进行周密的调查研究，系统地占有信息资料。再次，要运用马克思主义的科学理论和科学方法，作为研究、分析问题的思想武器。为了提高咨询研究工作科学化的程度，除了遵守上述一般原则以外，还应注意以下几方面的问题。

第一，注意对事物做系统的分析。过去我们进行咨询研究工作，往往只抓某个问题或一个问题的某个方面，在追求某个单一目标时，得到了某一方面的利益，却损害了其他方面的利益，或给今后的发展带来困难。出现这种情况，是由于我们缺乏整体观念、系统观念，忽视了事物之间的联系和制约关系。在研究复杂问题时，我们必须运用系统分析方法，把研究的问题看做一个整体和统一的系统，并把它分解为许多小的子系统，揭示影响子系统的因素及其相互关系，在综合分析的基础上选出最优方案。现代社会中要决策的问题，一般是多因素的、大系统的、动态的综合性问题，我们不能孤立地研究某项决策，而应该把它放进经济技术社会发展的大系统中，对多种因素进行动态的综合分析，既考虑经济、技术因素，也考虑政治、社会因素，找出解决问题的最佳方案。

第二，注意多方案的比较和模拟政策实施的后果。过去，我们对问题的研究，往往只提供一个决策方案，没有选择的余地，这样，决策者也难以辨其好坏、优劣。为了正确解决某个问题，通常存在多种选择，每种解决方案又各有所长所短。科学的咨询研究，应该提出解决问题的多种方案。在多方案的比较研究中，分析论证每一方案的利弊。要特别注意某些不确定因素、限制性因素对决策方案的影响。要准备多种方案，以适应多种情况的发生，使决策者能站在总揽全局的高度，有比较、选择的余地。仅仅为决策者提供政策方案的设计是不够的，还要在思想上、组织上对方案的实施可能遇到的阻力进行分析，提出相应的对策。同时，要采用特定的模拟手段，对政策方案实施以后可能产生的经济、技术、社会的效果进行预测。帮助决策者在事前考虑到某项决策可能引起的各种后果，使之更全面地权衡决策方案。

第三，注意科学的预测研究。我们过去的咨询研究一般多从历史的总结和现状的分析出发，而缺乏对未来变化的预测。咨询研究从本质上讲是属于未来范畴的动态研究，因此，科学的咨询研究不仅要把握过去和现在的信息，而且要通过科学的预测掌握未来的趋势。通过科学的预测研究，就可以收集到事物未来发展的规模、质和量的变化、时空变化、影响后果等动态依据。只有掌握了决策所必需的未来发展趋势，才能弥补咨询研究可能存在的缺陷，这种咨询研究才能是完整的、科学的。

第四，注意定性分析与定量分析相结合。定性分析是在逻辑分析、判断推理的基础上发展起来的。抽象出事物的质的规定性是很重要的，过去我们重视对事物进行定性分析，这是必要的。但随着研究对象的日益庞大和复杂，影响事物变化的因素日益增多，仅做定性分析是不够的。过去由于忽视做定量分析，仅凭对个别事例的定性分析就对重大问题做出判断与决策，曾给我们的事业带来许多严重后果。进行定量分析是现代决策研究的一个特点。对复杂事物，要有数据的统计，要掌握反映一定质的事物所具有的量的界限，这样才能求得决策的准确。我们必须在做出定性分析的同时，运用数学、统计学、运筹学、计量学对事物做出定量分析，以使咨询研究工作更加精密化、科学化。当然，定量分析也有一定的局限性，现代经济技术社会发展中的复杂的综合性问题，不可能单靠数学计算来解决。我们要做到咨询研究科学化，就必须既做定性分析，也做定量分析，把定性分析与定量分析结合起来。

第五，注意运用现代科学技术手段。目前我们咨询研究的手段比较落后，无论是信息资料工作，还是分析研究工作，基本上是手工操作，效率很低，缺乏精确性和科学性。依靠这样的研究手段，难以实现咨询研究的科学化。我们要采用现代的研究方法，就必须运用电子计算机等先进的计算工具和测试手段，拥有现代化的信息处理和通信设备，等等。这是实现咨询研究工作科学化的应备条件。

咨询研究工作的科学化需要咨询研究工作的民主化，而这又与决策的民主化是分不开的。为此，决策机关需要创造一个良好的政治环境，培养民主、平等、协商的政治气氛，鼓励咨询研究单位独立思考，使其具有自主研究的主动性。咨询研究单位要想领导之所想，急领导之所急。但是不能仅仅停留在论证或阐述领导的意图上。作为咨询研究机构不可能在每个问题上都和领导的意见或现行政策完全一致。我们还要从所掌握的信息和资料出发，从实际情况出发，要敢于直言自己的意见，特别是与领导不一致的意见。

咨询研究工作的民主化，要坚决贯彻"双百"方针，提倡大胆探索，提倡百家争鸣。在研究问题时，每个研究人员都有平等的发言权。由于看问题的角度、解决问题的思路不同，有不同意见是正常的。对待不同意见、不同观点不但不能压制，而应鼓励大家勇于探索，勇于提出不同意见，应该通过讨论、争鸣来辨明是非优劣。要重视那些有理有据、经过深思熟虑的不同意见，因为这些意见本身也可能是决策所需要的另一种方案。一个好的决策方案，一般不是在众口一词中得出的，而是充分研究了各种互相冲突的意见之后确定的。要做到这一点，就必须有民主的气氛。这样才能集思广益，充分发挥智力群体的作用，以保证咨询研究的科学化。

为了实现决策的民主化、科学化，还有个决策的法制化问题。任何决策都必须在国家有关法律程序的范围内进行，不能背离国家法律程序。属于政府的决策，都要形成法规，这样才能保持决策的稳定性和连续性。在决策的法制化过程中，应该相应地对咨询机构、咨询程序、咨询责任等做出有关法律规定，以使咨询研究工作也有法可依。这也是实现咨询研究工作民主化、科学化的重要保证。

三　提高研究人员的素质，加强对
咨询研究的组织和管理工作

前面所提出的要求，是为了实现咨询研究工作科学化应该努力实现的目标。但是，目前咨询研究工作的现状，与民主化、科学化的要求还有一定的距离。在咨询研究机构成立的初期，存在着这样或那样的问题，也是难免的。当前主要应该从研究人员的素质、对咨询研究的组织和管理方面来加强和改善我们的工作。

第一，要培养一支素质较高的研究队伍。咨询研究工作能否做到科学化，关键之一是要有一支政治素质、业务素质较高的研究队伍。这也直接关系到我们的机构能否具有较大的活力和较强的吸引力。现代的咨询研究工作是一种复杂的、综合性很强的思维创造活动，对人员的素质有很高的要求。从这几年的工作实践来看，他们应具备以下的素质或条件：

其一，专业要精深，知识要广博。咨询研究人员应该对某个专业有较深的造诣，同时对其他相关的学科有较多的知识，博中有专，专博相济。咨询的专家应该既是某个方面的专家，又是博学多知的通才。这里所说的知识也包括经验，经验也是咨询人才知识构成中的重要方面。他们应该尽可能地掌握社会科学和科学技术两方面的知识，同时学习运用一些新兴的软科学知识。

其二，要具有政策分析和制定政策的能力。我们的咨询研究工作不能离开正确理论的指导，但更重要的是实践，是为制定政策服务的。因此，我们要熟悉党和国家的大政方针和各项政策，要能够对问题做出政策性分析和思考，结合以往的经验教训和今后的发展需要，得出必要的政策结论，设计出供领导决策的政策性方案。

其三，要具有敏锐的洞察能力、较强的分析能力、综合能力和表达能力。作为咨询研究人员，接受新事物要快，要善于发现新问题，预见新的趋势，并且能够提出新的对策，解决新的问题。特别是能对尚未发生或处于萌芽阶段的问题，提出预警性意见。咨询专家应该具有较强的研究能力，主要包括思维、分析、综合、创造、逻辑推理等能力。要善于用语言、文字、图表、模型等，准确、简明地表达自己的思路和方案。

其四，要具有高度的政治责任感和严谨正派的学风。我们肩负着重大的责任，必须以极大的政治热情和责任感来对待咨询研究工作，对我们所提供的一字一句负责。因为我们任何一点儿疏忽，都可能引起十分严重的后果。要具有开拓精神和献身精神，甘做无名英雄。要坚持真理，实事求是，敢讲真话，不讲假话。我们所提出的咨询意见应该是资料翔实、视野开阔、观点鲜明、思想辩证，不以奇取胜，不哗众取宠，要树立和自身所担负任务相适应的独特的风格。

在人员的素质方面，我们既强调个人的素质，更强调整体的素质。每个研究人员的知识结构要合理，整个研究机构的人才结构也要合理。作为政策咨询研究机构，应该有从事过经济工作或在综合部门从事过领导工作的同志，也应该有从事过社会科学、自然科学、工程技术研究工作的同志；应该有经验丰富的老同志，也应该有精力充沛、思想活跃的中青年。这样组成的咨询研究机构，才能较好地发挥智囊团的作用。

用高标准来衡量，从总体上看，我们的素质与自身所肩负的任务和责任是很不适应的。有的知识面太窄，有的知识老化，有的缺乏必要的实际经验。缺乏现代管理和决策的知识及有关技能，外语水平较低，也是比较普遍的现象。我们必须从战略的高度来对待提高研究人员素质的问题。我们所需要的人才要经过长期的培养和锻炼，一般院校的毕业生一下子很难适应我们的工作。我们要处理好对人才使用和培养的关系。要创造条件，做出规划，抓紧对现有研究人员，特别是中青年的培养和提高。作为高级智力机构，不仅要出高水平的研究成果，也要为国家培养出高级人才。这是一项长期的重要任务。

第二，要加强对咨询研究的组织工作。对咨询研究工作科学地进行组织，是实现咨询研究工作科学化、民主化的重要一环。组织社会力量进行研究，这是政策咨询研究机构的性质和任务所决定的。国务院领导同志在今年年初会见联邦德国经济发展专家委员会主席施耐德教授时谈到了咨询研究工作。他说："你们是经济发展专家委员会，我们有一个经济技术社会发展研究中心，可以说也是我们的经济发展专家委员会。""我们叫中心，就是说研究工作不仅靠中心工作的专家，还要组织在全国各地的专家，包括不同观点的人，进行讨论，对政府工作提出这样或那样的建议。"目前各地的政策研究机构一般都在五六十人，即使研究人员的素质都是符合要求的，仅仅依靠自身的力量也难以完成各项咨询研究任务。我们必须与社会上的各有关经济部门、各种研究机构和各类专家学者保持密切的联系和协作，根据不同的研究课题，通过多种形式组织社会力量进行研究，广泛听取、吸收各方面的意见，经过我们的分析、综合，最后形成各种供领导选择的政策建议。回顾这几年的工作，凡是重要一点儿的研究课题都不是关起门来搞的，都是内部的和外部的专家相结合共同进行研究的。咨询研究机构应该办成开放型的，应该具有较强的吸引力和辐射力。

我们重视组织社会力量进行研究，绝不能忽视自身的研究。我们所说的组织工作不是行政的组织工作，而是研究的组织工作，是要靠专家去完成的，是以文会友。如果自身对某个问题缺乏了解，缺乏研究，那又如何能把这方面的专家、学者吸引住，组织好呢？如果我们不具有一定的研究能力，不搞好自身的研究，那就无法对社会上的研究成果进行判断、综合、深化并使之转化为可供领导决策的政策。既依靠本身的专家，又组织社会上的专家，内外专家相结合，在不同的研究课题上各有侧重，这是通过实践总结出的一条成功的经验。

通过什么形式组织社会力量进行研究，各地已有不少成功的做法。比如，建立特约研究人员制度，召开专家、学者研讨会，委托研究，联合调查研究，联合召开有关会议，建立专题研究组，进行国际学术交流，等等。在形式上可以灵活多样。不管采取什么形式，都要明确外单位参与研究人员的工作任务、权利、义务，要采取民主协商的做法，要与参加者共享研究成果。

第三，要加强我们内部的组织管理工作。我们内部的研究力量也有一个科学的组织和管理问题。研究组织形式多样化，是我们内部组织结构设计应遵循的原则。如果单纯按照学科、专业、部门划分研究组室，就无法与研究课题相结合，因为我们研究的课题多是跨学科、跨专业、跨部门的综合性问题。如果按照下达的任务、研究课题划分成课题组，又难以固定，不便管理。兰德公司采用的以学科和任务相结合的研究组织形式，即矩阵式的组织形式，把上述两种组织方法结合在一起，很值得我们研究借鉴。

我们的研究力量很有限，研究课题不能太多，不能四面出击，分散兵力。在研究课题的安排上要注意远近结合，注意课题之间的内在联系，要留有适当的余地，准备完成领导交办的或临时产生的任务。在研究力量的安排上，必须把最强的力量投放到领导最需要的、最紧迫的课题上。我们提倡个人研究，个人研究是基础，但个人研究要和集体研究结合起来。作为智囊团，更重要的是通过各类专家的协作，形成和发挥集体研究的优势。

还必须建立一套科学的咨询研究工作管理制度。除了建立必要的行政管理制度外，在研究课题的选择，研究力量的组织，研究成果的论证、评价、审查以及研究人员的考核等方面都要制定出科学的工作程序和有效的管理制度。有了这些制度，才可以高效率、有秩序地进行咨询研究工作，及时发现并妥善解决研究过程中出现的各种问题，保证研究成果的高质量。

四　总结经验，积极探索，更有效地
为各级政府决策服务

咨询研究机构在我国的出现和发展只有短短几年的时间，应当承认，对咨询研究这样一件新的工作我们还缺少经验。各级领导体制从经验决策到科学决策要有一个转变的过程；从事咨询研究工作的同志，从一般调查研究转到政策咨询研究也要有个摸索适应过程。在这两个方面都需要积极探索，不断地总结经验。

政策咨询研究机构是为各级领导人、决策者服务的，许多领导同志都非常重视并正确地使用这类机构，使之在决策科学化中有效地发挥作用，但有些咨询研究机构的工作还存在一些问题，需要解决。在研究课题的选择上，有时不能紧密地配合各级领导的决策，使领导人感到我们的咨询意见抓不到痒处，或远水不解近渴；还不大善于发挥自身比较超脱、比较综合的优势；有时去做些本来应该由具体业务部门或学术研究机构去做的工作。在研究力量的组织上，有的单纯依靠社会力量，自身缺乏研究能力，中心成了"空心"；有的则只靠自身奋战，没有起到联系社会上的智力为领导决策服务的作用。在研究成果上，有的缺乏时效性，不能在领导决策之前拿出意见，有的则缺乏科学性和预见性。情报信息工作还普遍薄弱，缺少必要的人才和手段，远不能满足咨询研究工作的需要。对于研究的组织管理工作，有不少单位还尚未开展。有些单位在工作条件上还存在着这样那样的困难。这些问题的出现原因很多，其中重要的一条在于，我们有些同志对咨询研究工作的重要性和规律性认识得还不深。这些问题的解决，要靠各级领导同志的重视和支持，更要靠我们自身的努力。引起各级领导同志重视的关键还在于我们自身的工作。我们这次会议就是要总结和交流这些方面的经验，把我们自身的咨询研究工作再提高一步。

在目前的条件下，加强各咨询研究机构之间的联系和协作，是十分必要的，也是可以做到的。随着咨询研究工作的开展，国务院发展研究中心同各地、各部门的咨询研究机构已经建立了一些联系和协作关系。各地也已经开展了一些区域性的多边联系和协作。比如湖北、山东、江苏、浙江、四川5省"中心"每年轮流在各省召开会议，交流经验，研讨问题。再如，省会城市经济研究中心已经召开了两次工作会议，加强它们之间的交流和协作。这次会议也要研究探讨如何在信息的交流和咨询研究工作的合作等方面，建立和加强我们之间的联系与协作，并以此为基础，逐步在我国形成多层次的咨询研究网络体系。

同志们!

这次政策咨询研究工作座谈会是在我国经济体制改革全面展开,政治体制改革已经着手进行的关键时刻召开的。这是我国咨询研究工作中的一件大事,它必将对我国咨询研究工作的发展起着积极的推动作用。我们这一代咨询研究人员,肩负着重大的责任和历史使命。今天,各方面的专家聚集一堂,机会难得,请大家敞开思想,各抒己见,畅所欲言,共同为发展我国的咨询研究事业做出贡献。

这次会议的召开,得到了浙江省委、省政府以及浙江省人民政府经济技术社会发展研究中心的大力支持和协助。在此,我代表全体与会同志对他们表示衷心的感谢!

编 后 记

    1982 年 5 月至 1985 年 6 月，马洪同志担任中国社会科学院院长。应马洪之子马佳之约，从《马洪文集》中选取马洪担任院长期间有关社科院发展建设方面的讲话、报告及公开发表的文章汇集成本书。本书反映了马洪对中国社会科学院办院规律、哲学社会科学发展规律进行研究的成果和贡献。

白晓丽
2017 年 4 月